脳力がみるみるアップする

正しい敬語 100問100答

目上の人に対しても恥ずかしくない

正しい日本語・敬語を一問一答式で完全マスター！

ビジネスマナー講師
西村幸子 監修

青志社

まえがき

人間は孤独な生き物です。でも、人は一人で生きていくことはできません。社会生活を営むとき、寄り添い、助け合って生きています。とはいえ、10人の人がいれば10の心、考え方があります。

人は他人の心を読み取る事が出来るでしょうか？　形も色も無い、ましてやデジタル表示されている訳でもない心を相手に伝えたり、相手の心を推し量ったりするとき、コミュニケーションが生まれます。コミュニケーションの最も効果的な手段は言葉です。美しい言葉、正しい言葉遣いで、あなたの美しい心や意図を相手に伝えたいものですね。

しかし、もっと大切なのは、あなたの心のありよう、誠意、相手に対する思いやり、などです。仕事の場では「やる気」も大切な要素です。その上で言葉を「ツール」として使いこなすようにしましょう。

この本では「ツール」としての言葉遣いをクイズ形式で気軽に学んでい

ただきたいと思っております。ある場面では、文法的に間違った言葉遣いが出てくるかも知れません。できるだけ自然に、抵抗のない形で若い皆さんの気持を伝える「ツール」でありたいと願ったからです。

第一章では、日常使われる基本用語を敬語でどう置き換えるか、第二章では、口ぐせになっている若者言葉をきちんとした敬語にするにはどうするか、第三章では、何気ない言葉遣いのなかで、どこに誤りがあるかというう形式のクイズを解いていただきます。新入社員の「Aさん」が、上司や取引先とする会話のなかに、誤りが多くありますのでチェックしましょう。

同じ言葉遣いを間違えるのでも、知っていて間違えるのと、知らないで間違えるのとでは大きな差があります。美しい言葉遣いを心がけているうちにいつかそれが自然に身についてくるものです。まず、この本で知識を蓄えて、それを使うように心がける、という順番でやってみてください。

西村幸子

正しい敬語 100問100答

目次

まえがき …… 2

第1章 基本の尊敬語&謙譲語をチェック …… 6

第2章 タメ口《ぐち》→丁寧な言い方に換えるなら? …… 96

第3章 敬語のつもりが……間違い探し …… 168

あとがき …… 229

索引 …… 231

第1章　基本の尊敬語&謙譲語をチェック

「尊敬語《そんけいご》」とは、相手や相手の行動に対する敬意を表す言葉、「謙譲語《けんじょうご》」は、自分や自分の身内の立場を低くすることで相手を敬《うやま》う言葉になります。この章では、「会う」「言う」など、基本語の敬語表現を学びます。

日常よく使われる言葉であるだけに、しっかりと頭に入れ、使いこなせるようになってください。いわば入門編ともいえるこの章の言葉が、自然に口をついて出て来るようになっていただきたいと願っています。

第1章

Q1

会う

【問題】
次の会話の
～～部分を敬語に
してください。

〈取引先のB部長と名刺交換したとき〉

A：Aと言います。初めまして。

B：Bと申します。よろしくお願いします。

A：Bさんの会社のCさんとは先月①会っていますね。

〈名刺交換した後の会話〉

A：○○社のDさんから、Bさんとは以前②会ったことがあると聞きました。

B：そうですね、Dさんとは昨年ご挨拶したことがあります。

① 謙譲語は ？

② 尊敬語は ？

答えはコチラ

答え

解説 **A1**

①「会う」の謙譲語は「お会いする・お目にかかる」〈その他〉お目通りする
②「会う」の尊敬語は「お会いになる・会われる」

〈解答例〉

Bさんの会社の○○さんとは先月①お目にかかっています。
Bさんとは以前②お会いになったことがあると伺いました。

【ステップアップ】
名刺交換、自己紹介、あいさつは常に目下の者から先に行うのがマナーです。「Aと言います。初めまして」は、「初めまして、わたくし、Aと申します」としましょう。「ありますよね」は、相手が明らかに目上であれば「ございますよね」としましょう。

第1章

Q2

くれる・与える

【問題】
次の会話の〜〜部分を敬語にしてください。

〈上司のB課長に贈り物をするとき〉

A：これどうぞ。

B：（プレゼントをもらって）どうしたのこれ？

A：いつもお菓子を①くれるので、ささやかなお礼です。

〈上司のB課長との会話〉

B：お腹空いたんだけど、外出する時間がないんだよな。

A：お菓子がたくさん余っているので、これ②あげますよ。

① 尊敬語は ［？］

② 謙譲語は ［？］

答えはコチラ

答え

解説 A2

①「くれる・与える」の尊敬語は「くださる」〈その他〉お与えになる
②「くれる・与える」の謙譲語は「差し上げる」〈その他〉進呈する

〈解答例〉

いつもお菓子を①くださるので、ささやかなお礼です。
お菓子がたくさんありますので、よろしかったら②差し上げますが。

【ステップアップ】

「これどうぞ」は「こちらをどうぞ」にしましょう。また、余り物をあげるという印象を与えては失礼になります。「たくさん余っている」は「たくさんあります」としましょう。「あげますよ」というと相手が食べると決めつけていることになるので、「よろしかったら差し上げますが」あるいは「こちらいかがですか？」「どうぞ召し上がってください」などと言えば暖かみのある表現になります。

第1章

Q3 言う

【問題】
次の会話の〰〰部分を敬語にしてください。

〈B課長と営業成績グラフを見て〉

B：大口の受注取れてよかったな。

A：課長が①言った通りにアプローチしてみて正解でした。

〈B課長との会話〉

A：○○さんにはいつもお世話になっているから、改めてお礼を②言いたいですね。

B：お礼状を書くといいよ。きっと喜ばれるよ。

① 尊敬語は ？　② 謙譲語は ？

答えはコチラ

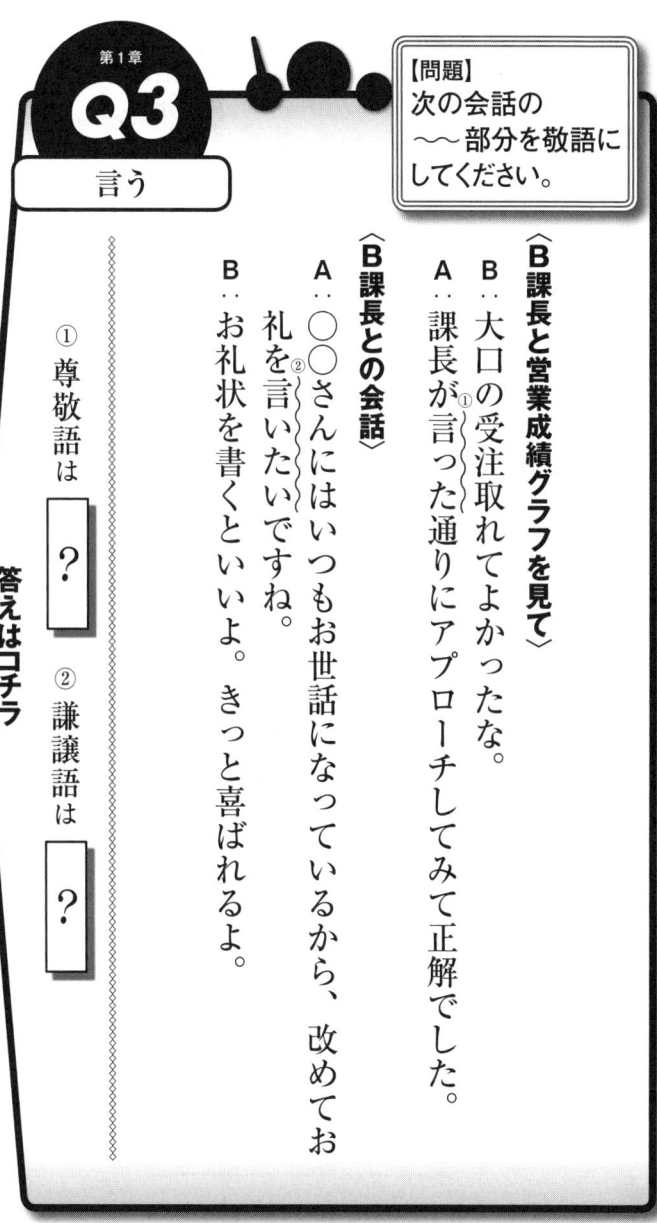

答え

解説 A3

①「言う」の尊敬語は「おっしゃる・言われる」
②「言う」の謙譲語は「申し上げる」〈その他〉申す

〈解答例〉

課長が①おっしゃった通りにアプローチしてみて正解でした。○○さんにはいつもお世話になっておりますので、改めてお礼を②申し上げたいです。

《ステップアップ》

「なっているから」は「なっておりますので」としましょう。また、「喜ばれるよ」のような「れる」「られる」は受身・可能表現に間違えられる可能性もある敬語ですので、乱発しないようにしましょう。もっと丁寧に表現する場合には「お喜びになる」を使いましょう。

第1章

Q4

行く・来る

【問題】
次の会話の〰〰部分を敬語にしてください。

〈Bの会社を訪問する前に〉

B：先ほど地図をFAXでお送りしましたのでご確認ください。

A：ありがとうございます。それではあさって一時に会社まで①行きます。

B：お近くまでいらしたら、お電話いただけますか？

〈取引先のBとの会話〉

A：前回は○○さんが②来たんですよね。今度は私が行きますから。

B：それはどうもありがとうございます。お忙しい中、ご足労いただいて恐縮です。

① 謙譲語は ？

② 尊敬語は ？

答えはコチラ

答え

解説 **A4**

①「行く」の謙譲語は「うかがう・参る・おたずねする」
②「来る」の尊敬語は「いらっしゃる・おいでになる・お越しになる・お見えになる」

〈解答例〉

ありがとうございます。それでは明後日の木曜午後一時に、御社まで①おうかがい致します。前回は○○さんが②いらっしゃったんですよね。今度は私がうかがいますから。

【ステップアップ】
「あさって」は「明後日」で、「みょうごにち」と発音しましょう。具体的に曜日、日付などを付け加えて、約束の日時をはっきりとさせることも必要です。「今回は私が伺わせていただきます」と言えばいっそう丁寧になります。

第1章

Q5 いる

【問題】
次の会話の〜〜部分を敬語にしてください。

〈取引先の△△部長に電話をするとき〉

B：はい、○○社でございます。

A：××商事のAですが、△△部長は①いますか？

B：申し訳ありません、あいにく△△は他の電話に出ておりますが。

A：それでは改めて電話します。

〈取引先のBより電話があったとき〉

B：先ほどお電話差し上げたBですが、☆☆部長はお戻りでしょうか。

A：さっきまで部長は②いらっしゃったのですが、また席を外してしまったようです。

① 尊敬語は ？

② 謙譲語は ？

答えはコチラ

答え

解説 **A5**

① 「いる」の尊敬語は「いらっしゃる・おいでになる」
② 「いる」の謙譲語は「おる」

〈解答例〉

××商事のAと申しますが、△△部長は①いらっしゃいますか？
先ほどまで☆☆は②おりましたが、また席を外しているようでございます。

【ステップアップ】

「××商事の□□ですが」は「××商事の□□と申しますが」。また、電話を受けた側は、「それでは改めて電話します」と言われたときでも、必ず電話があったことはメモで伝えておきましょう。社内の人間に対して「いらっしゃる」と尊敬語を使ってはいけません。「おります」としましょう。そして、「お電話いただいたことは伝えてありますので、戻りましたらすぐにこちらからお電話差し上げたいと存じます」と、こちらからすぐに連絡する旨を伝えましょう。

第1章

Q6

送る

【問題】
次の会話の
〜〜部分を敬語に
してください。

〈取引先のBから電話で企画の検討を依頼されたとき〉

A：それでは、検討します。会議用に資料を①送ってください。できるだけ早く送ってくれますか？

B：ありがとうございます。それでは、申込書、英文のパンフレットなどを明日着でお送りします。

A：わかりました、資料が来るのを待っています。こちらからは出席者の名簿を②送りますので。

① 尊敬語は ？

② 謙譲語は ？

答えはコチラ

答え

解説 **A6**

①「送る」の尊敬語は「お送りになる」
②「送る」の謙譲語は「お送りする・お送り申し上げる・お送り致す」

〈解答例〉

それでは、検討させていただきます。会議用に資料をお送りいただけますか。申し訳ありませんができるだけ早くお送りいただけませんでしょうか？

かしこまりました、資料の到着をお待ちしております。こちらからは出席者の名簿をお送り申し上げます。

【ステップアップ】

「検討します」は「検討させていただきます」、「わかりました」は「かしこまりました」。「あす」は「みょうにち」と発音しましょう。「お待ちしてます」は「お待ち申し上げます」。最後に「それではよろしくお願いします」と付け加えれば完璧です。

第1章

Q7 思う

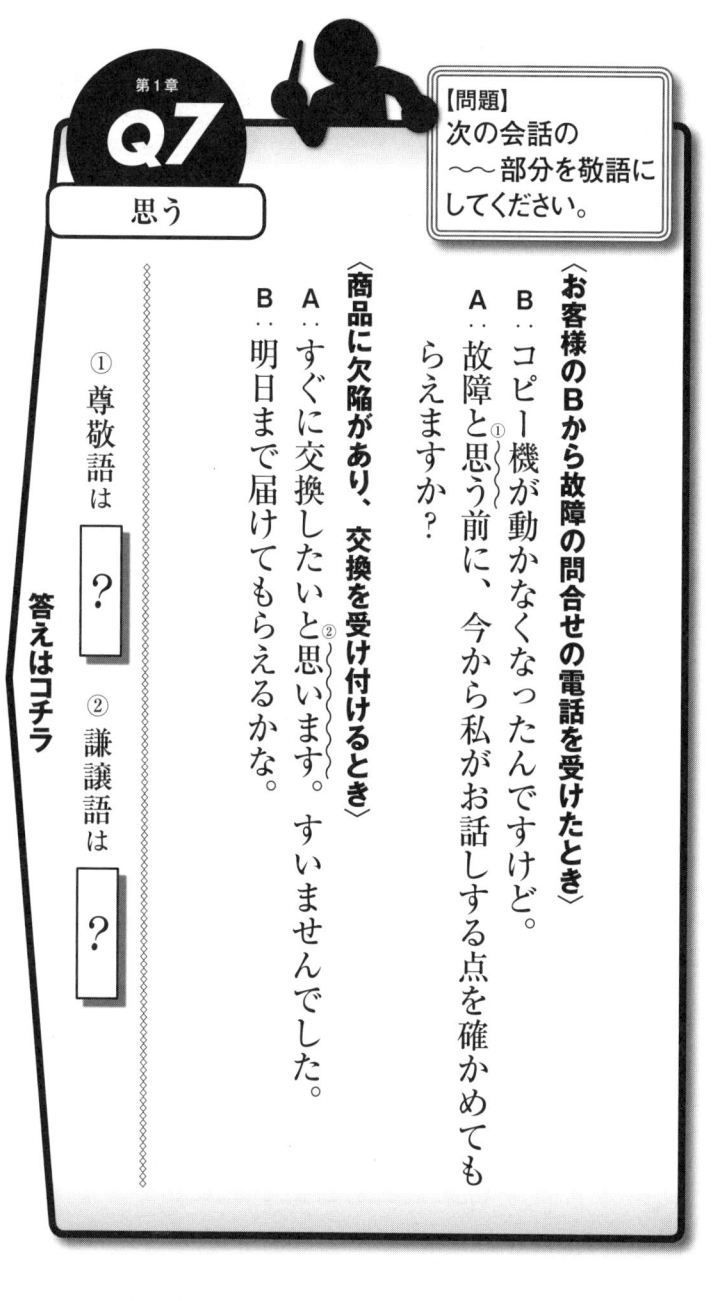

【問題】
次の会話の〜〜部分を敬語にしてください。

〈お客様のBから故障の問合せの電話を受けたとき〉

B：コピー機が動かなくなったんですけど。

A：故障と①思う前に、今から私がお話しする点を確かめてもらえますか？

〈商品に欠陥があり、交換を受け付けるとき〉

A：すぐに交換したいと②思います。すいませんでした。

B：明日まで届けてもらえるかな。

① 尊敬語は ［？］

② 謙譲語は ［？］

答えはコチラ

答え

解説 A7

①「思う」の尊敬語は「お思いになる・お考えになる」
②「思う」の謙譲語は「存じる・存じ上げる」

〈解答例〉

故障と①お考えになる前に、これから私が申し上げる点をお確かめいただけますでしょうか？ すぐに交換させていただきたいと②存じます。申し訳ありませんでした。

【ステップアップ】

「お話しする」は「申し上げる」、「確かめてもらえますか」は「お確かめいただけますか」、「すぐに」は「ただちに」、「すいませんでした」は「申し訳ありませんでした」。こちらに問題があるときは、とくにお客様との会話は誠意を持って丁寧にしましょう。

第1章

Q8

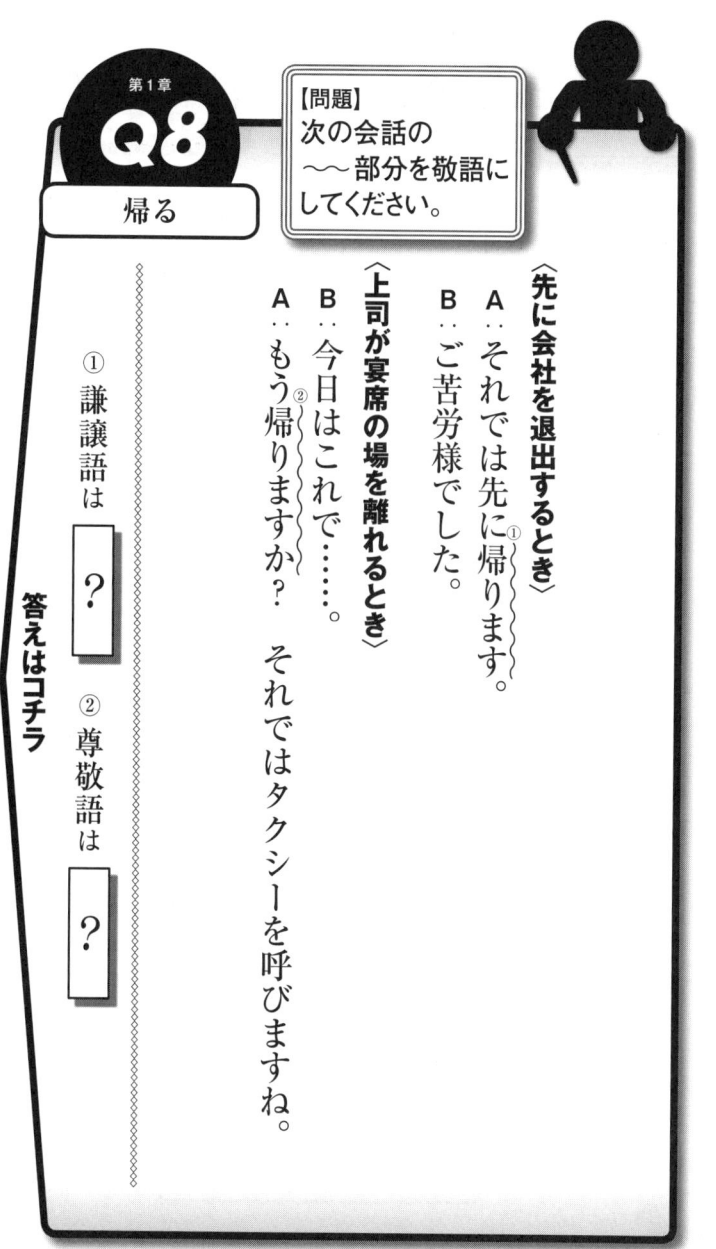

帰る

【問題】
次の会話の〰〰部分を敬語にしてください。

〈先に会社を退出するとき〉

A：それでは先に①帰ります。

B：ご苦労様でした。

〈上司が宴席の場を離れるとき〉

B：今日はこれで……。

A：もう②帰りますか？　それではタクシーを呼びますね。

① 謙譲語は ［？］

② 尊敬語は ［？］

答えはコチラ

答え

解説 A8

① 謙譲語は「失礼する・帰らせていただく」

② 尊敬語は「お帰りになる」

〈解答例〉

それではお先に①失礼致します。

②お帰りですか？　どうもお疲れ様でした。タクシーを呼んでまいります。

《ステップアップ》

「ご苦労様でした」は目下の人をねぎらう言葉です。目上の人には「お疲れ様でした」を使いましょう。「タクシーを呼びますね」は「タクシーを呼んでまいります」としましょう。

Q9 書く

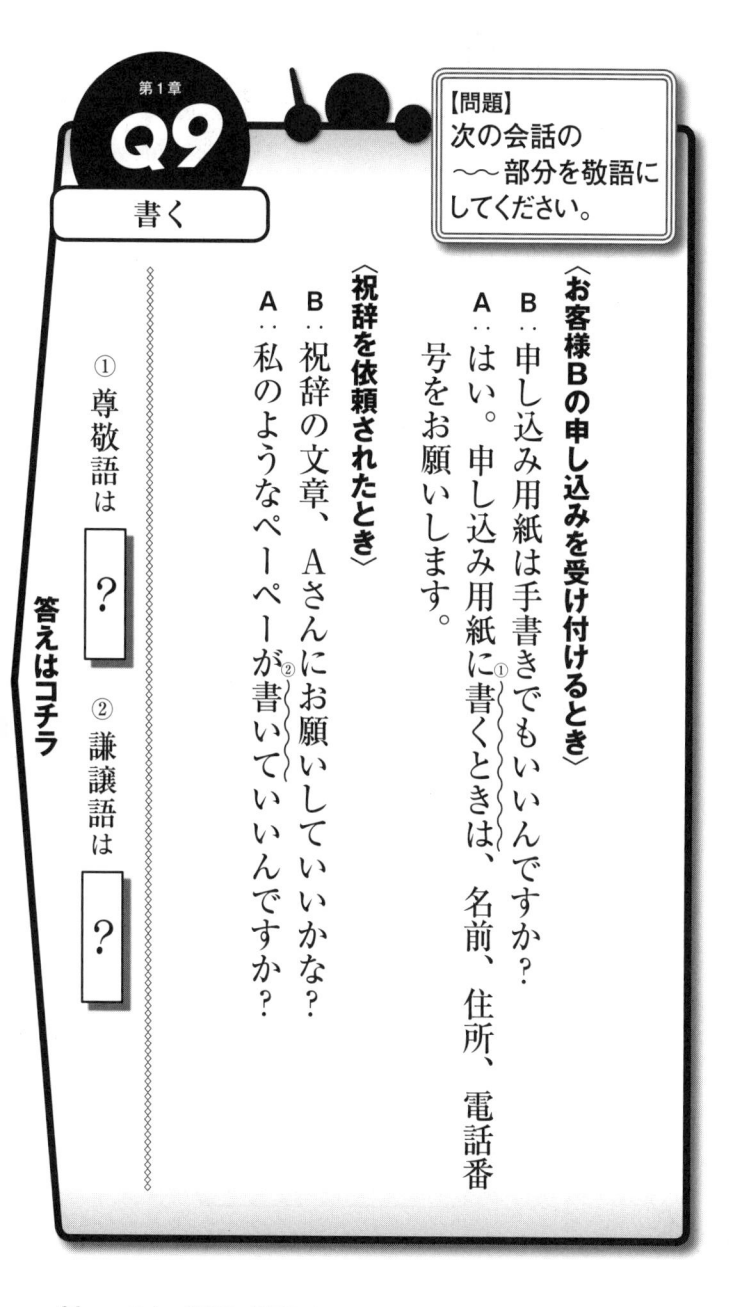

【問題】
次の会話の〰〰部分を敬語にしてください。

〈お客様Bの申し込みを受け付けるとき〉

B：申し込み用紙は手書きでもいいんですか？

A：はい。申し込み用紙に①書くときは、名前、住所、電話番号をお願いします。

〈祝辞を依頼されたとき〉

B：祝辞の文章、Aさんにお願いしていいかな？

A：私のようなぺーぺーが②書いていいんですか？

① 尊敬語は ？

② 謙譲語は ？

答えはコチラ

解説 **A9**

答え

① 尊敬語は「お書きになる・ご記入なさる」
② 謙譲語は「書かせていただく・お書きする」

〈解答例〉

申し込み用紙に直接①お書きになる際は、お名前、ご住所、お電話番号をお願い致します。私のような未熟者が②書かせていただくのは大変恐れ多いことですが…。

【ステップアップ】

「お書きになる」は、この場合は「ご記入なさる」と言ってもいいでしょう。「いいんですか」は「よろしいですか」、「名前、住所、電話番号」は「お名前、ご住所、お電話番号」。「ぺーぺー」は「未熟者」などと言い換えましょう。「いいんですか？」は「よろしいのでしょうか？」。「よろしければ頑張って書かせていただきます」と前向きの姿勢を出しておくと良いでしょう。

第1章

Q10 借りる

【問題】
次の会話の〜〜部分を敬語にしてください。

〈B課長からC係長の仕事の進捗を聞かれたとき〉

B：▲課に頼んでたデータの件、C係長はどうしてる？

A：C係長が▲課のデータを①借りる場合は、部長のハンコがいるみたいです。

〈B課長と外回りしているとき〉

B：A君、携帯電話が水没したんだって？

A：そうなんです。もし緊急に社へ連絡することになったら、B課長の携帯を②借りれますか？

① 尊敬語は ［？］

② 謙譲語は ［？］

答えはコチラ

答え

解説 A10

①「借りる」の尊敬語は「お借りになる」
②「借りる」の謙譲語は「お借りする・拝借する」

〈**解答例**〉

データを①お借りになる場合は、部長の認可が必要になるとのことです。
Bさんの携帯を②お借りしてもよろしいでしょうか？

【ステップアップ】
「ハンコがいる」は「認可が必要」あるいは「決裁が必要」、「～みたいです」は「～になるとのことです」。「借りれますか」と「ら」抜き言葉は使わずに「借りられますか」あるいは「お借りできますか」としましょう。

Q11 聞いてもらう

【問題】
次の会話の〜〜部分を敬語にしてください。

〈お客様のBより商品に関して問合せがあったとき〉

B：このクラシック全集CDは、子供にもいいのですか？

A：お子さんに美しい音楽を①聞いてもらうのは、情操教育の一環になると考えられます。

〈○○さんに関するB課長との会話〉

B：A君が○○さんの結婚披露宴で演奏した曲、よかったね。

A：ありがとうございます。都合が悪くて披露宴に来れなかった□□さんにも②聞いてもらいたかったですね。

① 尊敬語は ？

② 謙譲語は ？

答えはコチラ

答え

解説 A11

①「聞かせる」の尊敬語は「お聞きいただく」
②「聞かせる」の謙譲語は「お聞かせする」〈その他〉お耳に入れる

〈解答例〉

お子様に美しい音楽を①お聞きいただくのは、情操教育の一環になると考えられます。
ご都合がつかなくて披露宴にお出でになれなかった□□さんにも②お聞かせしたかったですね。

《ステップアップ》

「お子さん」は「お子様」、「都合が悪くて」は「所用で」「ご都合がつかなくて」、「来れなかった」は「お出でになれなかった」にしましょう。「お耳に入れる」は、場合によって秘密めいたニュアンスが出てしまいますので、気をつけて使いましょう。

第1章

Q12 聞く

【問題】
次の会話の〜〜部分を敬語にしてください。

〈トラブルに関する社内での会話〉

B：この前、○○さんが取引先でミスをしてしまったらしいよ。

A：このままだと、社長が①聞くのは時間の問題ですね。

〈異動で新しい部署の部長にあいさつするとき〉

B：君が営業部から異動してきたAさんだね。

A：初めましてA部長。話はかねがね②聞いておりました。

① 尊敬語は ？

② 謙譲語は ？

答えはコチラ

答え

解説 A12

①「聞く」の尊敬語は「お聞きになる・お耳に入る」
②「聞く」の謙譲語は「お聞きする・うかがう・拝聴する」〈その他〉うけたまわる

〈解答例〉

社長の①お耳に入るのは時間の問題ですね。
お噂はかねがね②うかがっておりました。

【ステップアップ】

「初めましてA部長」は「初めてお目にかかります」、「話は」は「A部長のお話は」「A部長のお噂は」にしましょう。「噂」というと、悪い話のようにとられると思われがちですが、Aさんが公然と聞いた話なので、このケースでは使っても問題ありません。

Q13 説明する

【問題】
次の会話の〜〜部分を敬語にしてください。

〈トラブルをB課長に報告するとき〉

B：トラブルが起きたんだって？

A：そうらしいです。まずは○○から現場の状況を①説明します。

〈社内でB課長と取引先の人事の話〉

B：今日、取引先の○○社の社長が交代して、新しい経営方針が示されるみたい。

A：ビックリですね。新社長自ら②説明するのでしょうか。

① 謙譲語は ？

② 尊敬語は ？

答えはコチラ

答え

解説 A13

①「説明する」の謙譲語は「ご説明させていただく・ご説明申し上げる」
②「説明する」の尊敬語は「ご説明になる・ご説明なさる」

〈解答例〉

どうやらそのようです。まずは○○より現場の状況を①ご説明させていただきます。驚きましたね。新社長自ら②ご説明なさるのでしょうか？

【ステップアップ】

「そうらしいです」は「どうやらそのようです」、「ビックリですね」は「驚きましたね」にしましょう。ただし、社内での会話では「ビックリしましたね」の方が実感がこもっていていいかもしれません。

第1章

Q14 連絡する

【問題】
次の会話の〜〜部分を敬語にしてください。

〈移動中の上司Bさんの携帯へ連絡したとき〉

B：ごめん。いまちょっと電車に乗るところなんだけど。

A：それでは会社に戻ったら①連絡してもらえますか。

〈取引先の○○さんと連絡がとれなかったとき〉

B：○○はただいま外出しております。

A：こちらから改めて②連絡しますが、よろしかったらお帰り次第、折り返し電話するよう伝えてください。

① 尊敬語は ？

② 謙譲語は ？

答えはコチラ

答え

解説 **A14**

①「連絡する」の尊敬語は「ご連絡していただく」〈その他〉ご連絡なさる
②「連絡する」の謙譲語は「連絡させていただく・連絡差し上げる・連絡いたす」

〈解答例〉

それではお戻りになられたら①ご連絡いただけますでしょうか。
こちらから改めて②ご連絡させていただきますが、もしよろしかったらお戻り次第ご連絡いただけますでしょうか。

【ステップアップ】
「いまちょっと」は「ただいま」、「外にいる」は「外出しております」、「伝えてください」は「お伝えいただけますでしょうか」。

第1章

Q15

調べる

【問題】
次の会話の〜〜部分を敬語にしてください。

〈お客様から商品の取り扱いに関して問合せがあったとき〉

B：パソコンが起動しないんですが。

A：まず、コンセントがちゃんと入っているかどうか①調べてもらえますか。

〈取引先からクレームの電話があったとき〉

B：発注した商品がまだ届かないんだけど。

A：そちらの受注データを②調べてみますので、発注ナンバーを教えてもらえますか。

① 尊敬語は ［ ？ ］

② 謙譲語は ［ ？ ］

答えはコチラ

答え

解説 **A15**

①「調べる」の尊敬語は「お調べいただく・お調べになる」
②「調べる」の謙譲語は「お調べする・お調べ申し上げる」

〈解答例〉

コンセントがしっかりと入っているかどうか①お調べいただけますか？
そちら様の受注データを②お調べ致しますので、発注ナンバーを教えていただけますか。

【ステップアップ】

「まず」は「最初に」。「ちゃんと」は「しっかりと」。「そちら」は「そちら様」。「教えてもらえますか」は「お教えいただけます（でしょう）か」。また、電話で操作手順を伝えるときは、相手に明確に伝わるようにしましょう。例えば、最初に「三つのことをお調べいただきたいのですが」と断った上で「第一に～」「第二に～」「第三に～」または「最後に～」などと並べて話していくとわかりやすいですね。英語のプレゼンテーションなどではよく使われる方法です。

第1章

Q16 知っている

【問題】
次の会話の〜〜部分を敬語にしてください。

〈上司のBさんとニュースに関して話をするとき〉

A：後期高齢者医療制度の中身って①知ってますか？

B：言葉は知っているんだけど詳しいことはわからないんだ。

〈同僚のBさんとの会話〉

B：Aさんは○○さんのこと知ってる？

A：いや、②知らないんです。

① 尊敬語は ［？］

② 謙譲語は ［？］

答えはコチラ

答え

解説 A16

① 「知っている」の尊敬語は「ご存知」
② 「知っている」の謙譲語は「存じ上げる・存じる」

〈解答例〉

後期高齢者医療制度の中身についてご存知ですか？
あいにくですが、存じません。

【ステップアップ】

「中身って」と言うよりも、この場合は「中身について」「中身に関して」と言いましょう。また、「いや」と強く否定するよりも、「いいえ」「あいにくですが」などに置き換えるのが良いでしょう。「存じません」で終わると会話の糸が切れてしまうので、「あいにくですが存じません、どちらの方ですか？」などと、相手の話に興味を示しましょう。

第1章

Q17

する

【問題】
次の会話の
〜〜部分を敬語に
してください。

〈取引先からキャンセルの申し出があったとき〉

B：すみません、予約のキャンセルをお願いしたいんですが。

A：予約をキャンセル①する場合、10％のキャンセル料金が発生します。

〈お客様の宿泊予約を取り消すとき〉

B：キャンセル料を振り込みました。

A：それでは、B様の宿泊予約を今日の時点でキャンセル②します。

① 尊敬語は ？

② 謙譲語は ？

答えはコチラ

答え

解説 **A17**

①「する」の尊敬語は「なさる・される」〈その他〉あそばす
②「する」の謙譲語は「いたす・させていただく」

〈解答例〉

ご予約をキャンセル①なさる場合、10％のキャンセル料金が発生致しますが……。今日の時点でキャンセル②させていただきます。

【ステップアップ】

お客様に対しては、たとえ相手が敬語を使わなくてもこちらは不自然にならない程度に必ず敬語を使います。相手に都合によるキャンセルであっても、「申し訳ありません。ご予約をキャンセルなさる場合……」と丁寧に説明しましょう。

第1章

Q18

尋ねる

【問題】
次の会話の〰〰部分を敬語にしてください。

〈お客様から商品交換に関する問合せを受けたとき〉

B：この前買った○○の交換の件でお聞きしたいのですが。

A：○○ですね。当店にお越しになられた時に直接店員に①尋ねてもらえますか。地図はホームページを見てもらえますでしょうか。

B：それでは、ホームページで確認します。

A：よろしくお願い致します。交換するときは、お客様の個人情報を②尋ねることがあります。

① 尊敬語は ？

② 謙譲語は ？

答えはコチラ

答え

解説 A18

①「尋ねる」の尊敬語は「お尋ねになる・お問い合わせになる・お聞きになる」
②「尋ねる」の謙譲語は「お尋ねする・うかがう・おうかがいする・お聞きする」

〈解答例〉

当店にお越しいただいて直接店員に①お尋ねいただけますでしょうか。②交換なさる際、申し訳ございませんがお客様の個人情報をうかがう場合がございます

【ステップアップ】

「〜ですね」は「〜でございますね」、「見てもらえますでしょうか」は「ご覧いただけますでしょうか」。また、「ホームページの地図を見てもらう」といった、相手に労を押し付けることはできるだけ控えましょう。できれば「地図はFAXでお送りいたしましょうか？」と対応しましょう。すべての人がインターネットを活用しているとは限りません。特に相手が年輩の方であれば気をつけましょう。

第1章

Q19

食べる

【問題】
次の会話の〜〜部分を敬語にしてください。

〈B課長に渡したお土産についての会話〉

B：Aさんの買って来てくれたお菓子、10個でも20個でも食べられるよ。

A：課長がすごくおいしそうに①食べるから、買って来たかいがありました。

〈先輩のBさんとの会話〉

B：健康にいい食事って考えたことある？

A：そんなに意識しませんが、野菜はBさんからいつももらう大根などは無農薬なので、皮ごと②食べるようにしています。

① 尊敬語は ？

② 謙譲語は ？

答えはコチラ

答え

解説 **A19**

①「食べる」の尊敬語は「召し上がる、お上がりになる、お食べになる」
②「食べる」の謙譲語は「いただく、頂戴する」

〈解答例〉

課長がとてもおいしそうに①召し上がるので、買って来たかいがありました。皮ごと②いただくようにしております。

【ステップアップ】

「すごく」はこの場合「あまりにも」「とても」などに、「そんなに意識しませんが」は、「それほど意識はしておりませんが」としましょう。「いつももらう大根」は「いつもいただく大根」がいいでしょう。

第1章

Q20 飲む

【問題】
次の会話の〜〜部分を敬語にしてください。

〈先輩のBさんとの会話〉

B：最近メタボが気になるんだよね。

A：お酒を①飲むのをちょっと控えたらどうですか？

〈先輩のBさんに酒を勧められ〉

A：せっかくの機会なので、一杯②飲もうかな。

B：くれぐれも飲み過ぎないようにね。

① 尊敬語は ［？］

② 謙譲語は ［？］

答えはコチラ

答え

解説 A20

①「飲む」の尊敬語は「召し上がる・お飲みになる」〈その他〉お口になさる

②「飲む」の謙譲語は「いただく・頂戴する」

〈解答例〉

お酒を①召し上がるのを少しお控えになってはいかがでしょう。

せっかくの機会なので、一杯②いただきます。

【ステップアップ】

「ちょっと」は「少し」。「～してはどうですか」は「～してはどうでしょう」にしましょう。

第1章

Q21

見る

【問題】
次の会話の〰部分を敬語にしてください。

〈先輩のBさんと打ち合わせ〉

B：次の打ち合わせの資料がこれだね。

A：あちらには、事前に①見るようにお願いしてあります。

〈先輩のBさんとの会話〉

B：僕が紹介した、例の不動産屋の新しいマンションを見に行くんだって？

A：完成前ですが、無理を言って②見ることになりました。

① 尊敬語は ？

② 謙譲語は ？

答えはコチラ

答え

解説 **A21**

①「見る」の尊敬語は「ご覧になる」
②「見る」の謙譲語は「拝見する、見せていただく」

〈解答例〉

先方には、事前に①ご覧いただくようにお願いしてあります。
無理を言って②見せていただくことになりました。

【ステップアップ】
「あちらには」は「先方には」「あちら様には」、「無理を言って」は「無理を申し上げて」としましょう。普通の不動産屋さんでしたら敬語を使う必要はありません。みなさんもお分かりのように、この場合は、先輩のBさんから紹介してもらった不動産屋だから敬語を使っています。

第1章

Q22

見せる

【問題】
次の会話の〜〜部分を敬語にしてください。

〈先輩のBさんの体調を気づかって〉

A：ときたま辛そうな顔を①見せるので心配ですが、大丈夫ですか？

B：心配してくれて、どうもありがとう。

〈祝辞を依頼されたとき〉

B：新しいパンフレットは出来上がったの？

A：②見せられるのは、もう少し先になります。

① 尊敬語は ？

② 謙譲語は ？

答えはコチラ

答え

解説 A22

①「見せる」の尊敬語は「お見せになる、お示しになる」
②「見せる」の謙譲語は「お見せする・お目にかける・ご覧にいれる」

〈解答例〉

ときおり①お見せになる辛そうなお顔が心配です。
②お見せ（することが）できるのは、もう少々先になります。

【ステップアップ】

「時たま」は「時折」、「顔」は「お顔」、「もう少し」は「もう少々」としましょう。
具体的に「一週間ほど」「二、三日」などと言うことができれば、なおよいでしょう。

第1章

Q23

読む

【問題】
次の会話の〜〜部分を敬語にしてください。

〈B部長と趣味についての会話〉

A：部長が①読む本は、SFが多いって本当ですか？

B：若い頃から好きでね。

〈B部長の趣味についての話〉

B：昔、僕が自費出版で出した本を手に入れたんだって？

A：古書店を何軒も回って、やっと②読むことができました。

① 尊敬語は ？

② 謙譲語は ？

答えはコチラ

答え

解説 A23

①「読む」の尊敬語は「お読みになる」
②「読む」の謙譲語は「拝読する、読ませていただく」

〈**解答例**〉
部長がお読みになる本は、SFが多いとうかがいましたが……。
ようやく拝読することができました。

【ステップアップ】
「〜って本当ですか」は、「〜だとうかがいましたが本当でしょうか」、「やっと」は「ようやく」としましょう。

第1章

Q24 ほめる

【問題】
次の会話の〜〜〜部分を敬語にしてください。

〈同僚のBとの会話〉

A：社長が珍しく私たちのこと①ほめていたな。

B：機嫌良かったもんね。

〈B課長にきれいな字をほめられて〉

B：Aさんは、本当に字がきれいだね。

A：課長に②ほめられるなんて光栄です。

① 尊敬語は ？

② 謙譲語は ？

答えはコチラ

答え

解説 A24

① 尊敬語は「おほめになる、おほめくださる、ほめてくださる」
② 謙譲語は「おほめにあずかる、ほめていただく、おほめいただく」

〈解答例〉

社長が珍しく私たちのことを①ほめてくださいましたね。
課長に②ほめていただいて光栄です。

《ステップアップ》

「社長が珍しく私たちのことをほめてくださいましたね」は、「おほめになられていましたね」としてもいいでしょう。「機嫌良かったもんね」は、この場合「ご機嫌がよろしかったですね」としましょう。

第1章

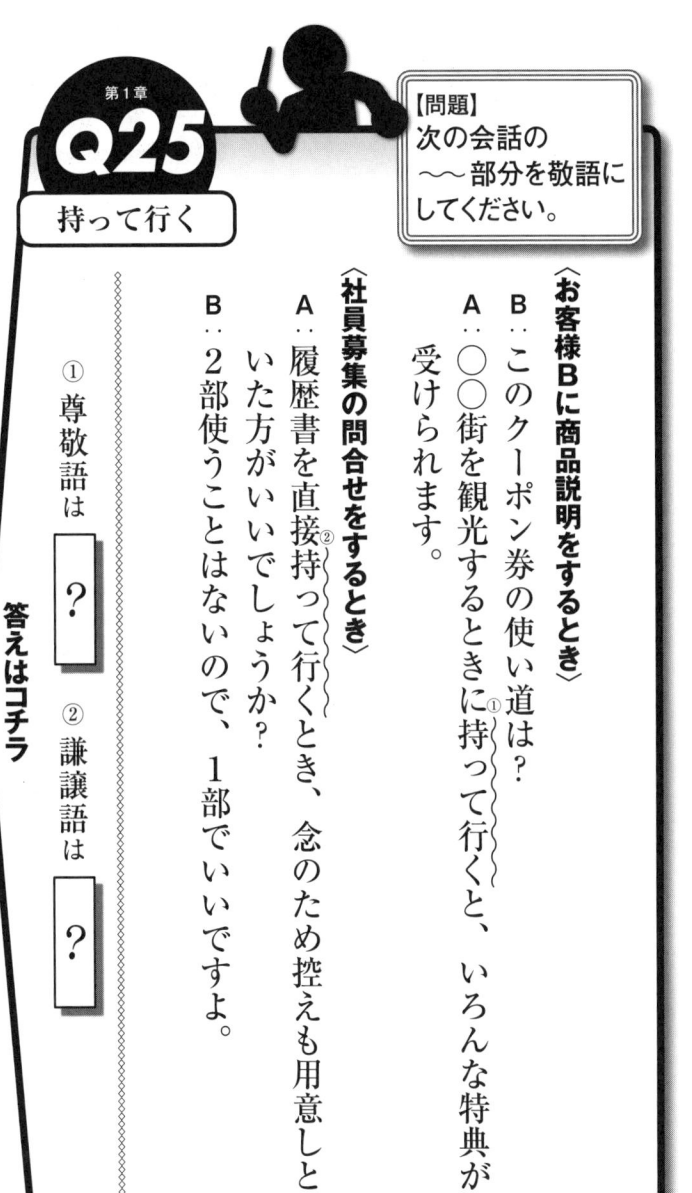

Q25 持って行く

【問題】
次の会話の〰〰部分を敬語にしてください。

〈お客様Bに商品説明をするとき〉

B：このクーポン券の使い道は？

A：○○街を観光するときに①持って行くと、いろんな特典が受けられます。

〈社員募集の問合せをするとき〉

A：履歴書を直接②持って行くとき、念のため控えも用意しといた方がいいでしょうか？

B：2部使うことはないので、1部でいいですよ。

① 尊敬語は ？

② 謙譲語は ？

答えはコチラ

答え

解説 **A25**

①「持っていく」の尊敬語は「お持ちになる」
②「持っていく」の謙譲語は「持参する」

〈解答例〉

○○街を観光するときに①お持ちになると、さまざまな特典が受けられます。
履歴書を直接②持参する際、念のため控えも用意しておいた方がいいでしょうか？

《ステップアップ》

「いろんな」は「さまざまな」、「用意しといた」は「用意しておいた」。1部でいいですよ」は、「1部で結構ですよ」「1部でよろしいですよ」などとしましょう。

第1章

Q26

もらう

【問題】
次の会話の〜〜部分を敬語にしてください。

〈B課長にお礼の品を差し上げるとき〉

A：つまらないものですが感謝の気持ちです。どうぞ①もらってください。

B：いつもありがとう。

〈お客様からの問合せがあったとき〉

B：御社のサービスについて聞きたいことがあるのですが？

A：当社のホームページに、お客様からよく②もらう質問と返答をまとめて紹介されています。もうご覧いただきましたでしょうか？

① 尊敬語は ？

② 謙譲語は ？

答えはコチラ

答え

解説 A26

①尊敬語は「お納めになる・お受け取りになる・ご笑納する（なさる／くださる）」
②謙譲語は「いただく・頂戴する」

〈解答例〉

つまらないものですが感謝の気持ちです。どうぞ①お納めください。お客様からよく②いただく質問と返答をまとめて紹介しております。

【ステップアップ】

「聞きたいことがあるのですが」は「うかがいたいことがあるのですが」、「紹介してます」は「紹介しております」としましょう。また、お客様からの問合せに対して「ホームページを見てください」という対応は本来、失礼な行為にあたります。たとえホームページに出ているものと同じような質問でも丁寧に答えてください。ここでは特殊な場合として取り上げました。

第1章

Q27

自分

【問題】
次の会話の〜〜部分を敬語にしてください。

〈会議の場で上司のBさんから意見を述べるよう言われて〉

B：せっかくの場なんだから、君も何かひと言言いなさい。

A：①自分はまだ半人前ですから、偉そうなことは言えませんが……。

〈会議で意見がまとまらなかったとき〉

B：例の件、なかなか意見がまとまらなかったよ。

A：もう一度、それぞれ②自分で考えてみることになったんですか？

① 謙譲語は ？

② 尊敬語は ？

答えはコチラ

答え

解説 A27

①謙譲語は「わたくし・小生・当方」
②尊敬語は「ご自身、ご自分」

〈**解答例**〉

①わたくしはまだ半人前ですから、出過ぎたことは申せませんが…。もう一度、それぞれ②ご自身でお考え直すことになったのですか。

《ステップアップ》

「偉そうなこと」は「出過ぎたこと」などと言い換えましょう。「言えませんが」は「申せませんが」、「考えてみる」は「お考え直す」などとしましょう。

Q28 同行者

【問題】
次の会話の〜〜部分を敬語にしてください。

〈記念撮影のとき〉

A：①そちらの方も写真に入りませんか？

B：わたしはやめときます。

〈旅行写真を見ながら〉

B：このお写真はどなたがお撮りになったのですか？

A：②一緒に行った人が撮ったんです。

① 尊敬語は ？

② 謙譲語は ？

答えはコチラ

答え

解説 A28

① 尊敬語は「お連れ様」
② 謙譲語は「連れの者」

〈解答例〉

お写真、①お連れ様もご一緒にいかがですか?
わたしの②連れの者が撮りました。

【ステップアップ】

「写真」は「お写真」、「撮ったんですか」は「お撮りになったのですか」。「一緒に行った人」も間違いではありませんが、「連れの者」の方がすっきりしますね。

第1章

Q29

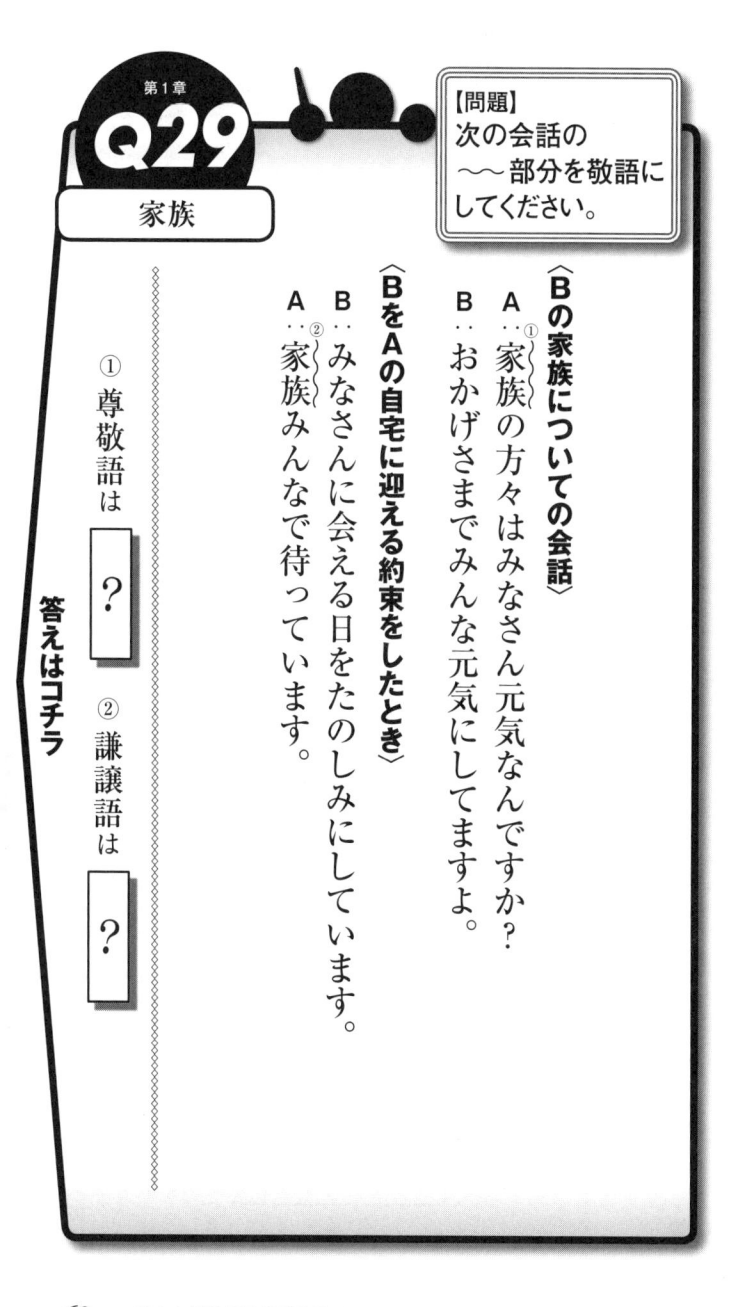

家族

【問題】
次の会話の〜〜部分を敬語にしてください。

〈Bの家族についての会話〉

A：①家族の方々はみなさん元気なんですか？

B：おかげさまでみんな元気にしてますよ。

〈BをAの自宅に迎える約束をしたとき〉

B：みなさんに会える日をたのしみにしています。

A：②家族みんなで待っています。

① 尊敬語は ？

② 謙譲語は ？

答えはコチラ

答え

解説 **A29**

① 尊敬語は「ご家族様・ご一同様」
② 謙譲語は「家族一同、家の者」

〈解答例〉

①ご家族の皆様はお元気でいらっしゃいますでしょうか？
②家族一同楽しみにしております。

【ステップアップ】

「みなさん」は「皆様」、「元気なんですか」は「お元気でいらっしゃいますでしょうか」。「はい、元気にしております」でも良いのですが、「おかげさまで」というひと言は、問いかけてくれた相手に対する感謝の気持ち、みんな元気であることをありがたく、謙虚に受け止めている様子が感じられて、とても良い言葉だと思います。いろいろな場面で、「おかげさまで…」というひと言を感謝の気持ちを込めて使ってみましょう。

第1章

Q30

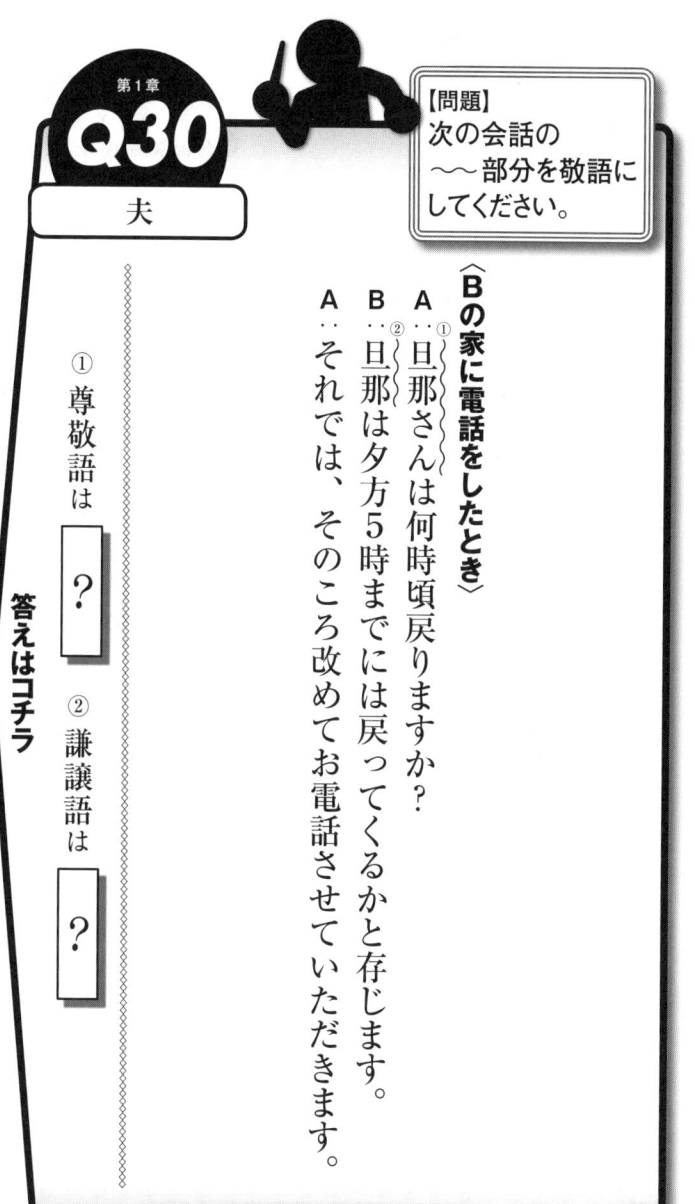

夫

【問題】
次の会話の〰〰部分を敬語にしてください。

〈Bの家に電話をしたとき〉

A：①旦那さんは何時頃戻りますか？

B：②旦那は夕方5時までには戻ってくるかと存じます。

A：それでは、そのころ改めてお電話させていただきます。

① 尊敬語は ？

② 謙譲語は ？

答えはコチラ

答え

解説 A30

① 尊敬語は「○○様・御主人様・旦那様」
② 謙譲語は「○○（名字）・主人・夫」

〈**解答例**〉

①御主人様は何時頃お戻りになられますか？

②主人は夕方から5時ごろまでには戻ってくるかと存じます。

《ステップアップ》
「戻りますか」は「お戻りになられますか」、「電話します」は「お電話させていただきます」。会社の方からの電話であれば、「田中は」などと、名字でお答えするのもよいでしょう。

第1章

Q31

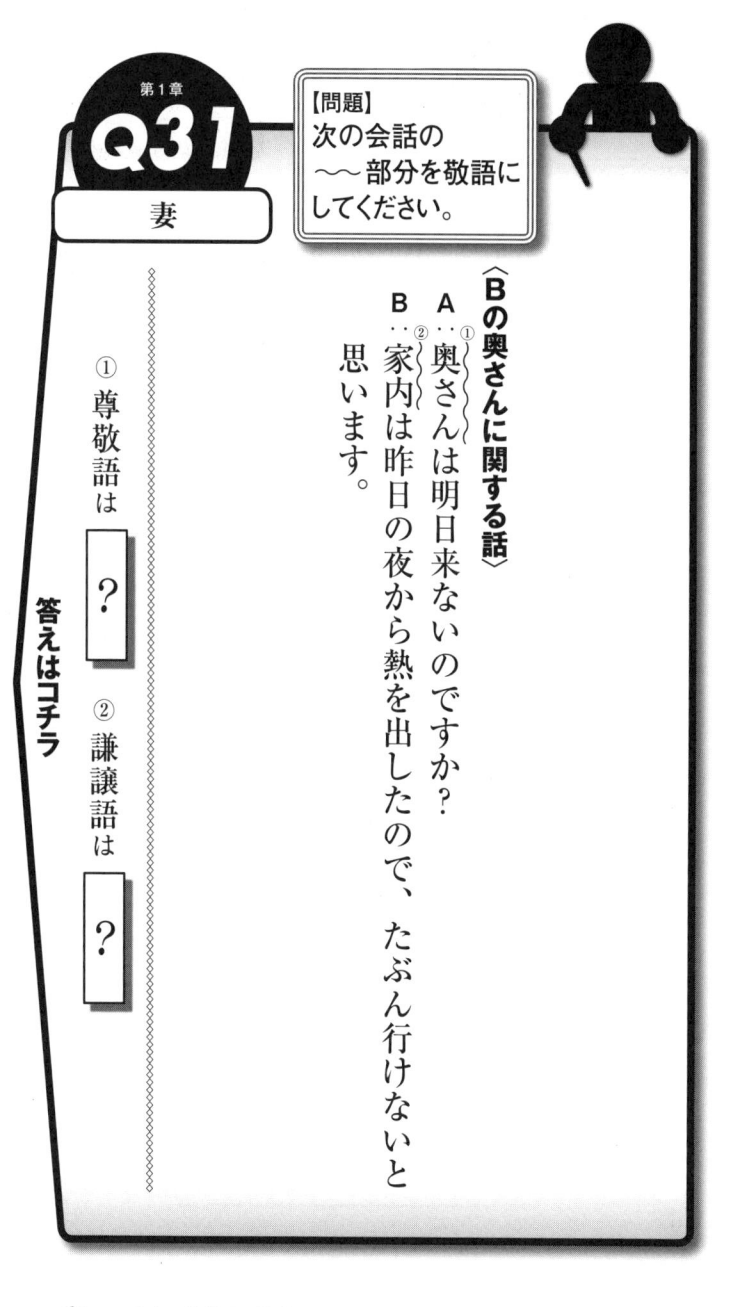

妻

【問題】
次の会話の
〜〜〜部分を敬語に
してください。

〈Bの奥さんに関する話〉

A：①奥さんは明日来ないのですか？

B：②家内は昨日の夜から熱を出したので、たぶん行けないと思います。

① 尊敬語は ［ ? ］

② 謙譲語は ［ ? ］

答えはコチラ

答え

解説 **A31**

① 尊敬語は「奥様」〈その他〉ご令室様

② 謙譲語は「妻・女房」

〈解答例〉

①奥様は明日いらっしゃらないのですか？

②妻は昨晩から熱を出しましたので、残念ですがおそらくうかがえないと思います。

【ステップアップ】

「家内」でもかまわないのですが、「妻」の方がスマートでしょう。昔は「愚妻」などという言い方もありましたが、あまり使いたくない言葉ですね。また「昨日の夜」は「昨晩」、「たぶん」は「おそらく」としましょう。

第1章

Q32

子供

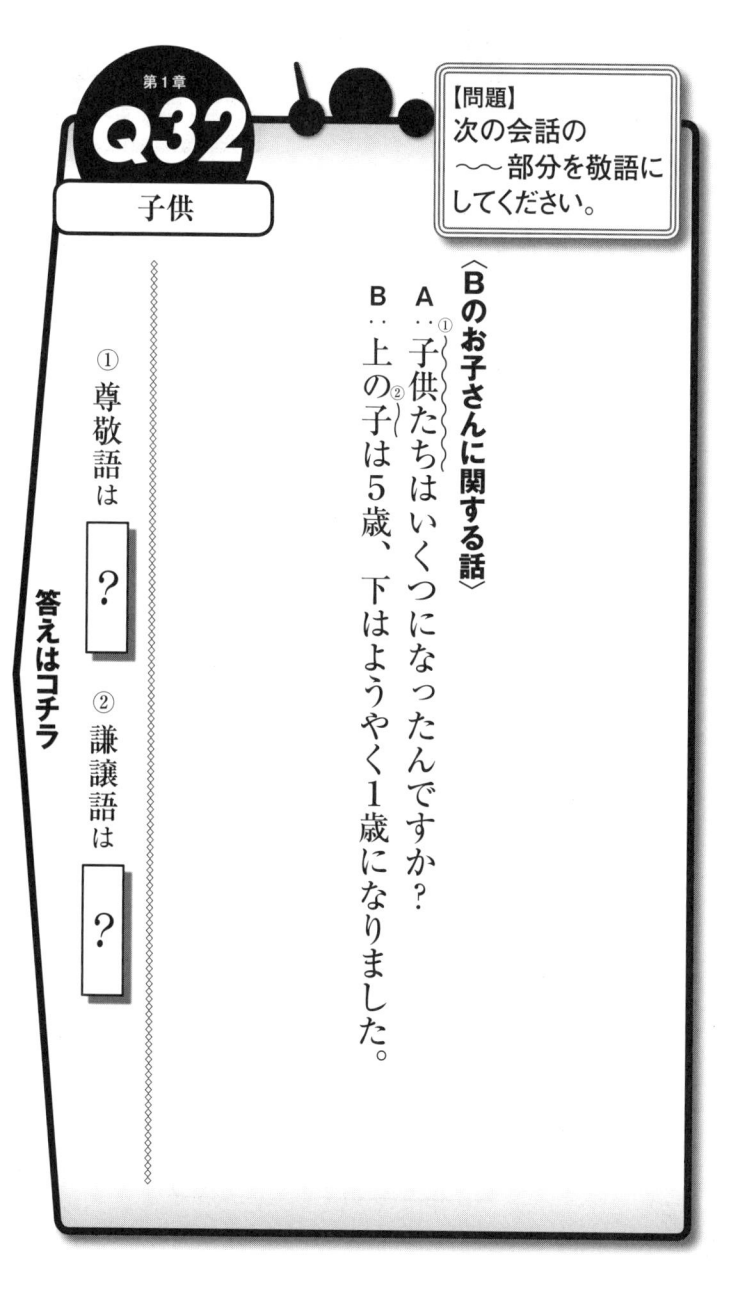

【問題】
次の会話の
〰〰部分を敬語にしてください。

〈Bのお子さんに関する話〉

A：①子供たちはいくつになったんですか？

B：上の②子は5歳、下はようやく1歳になりました。

① 尊敬語は　?

② 謙譲語は　?

答えはコチラ

答え

解説 A32

① 尊敬語は「お子様」
② 謙譲語は「子供」

〈解答例〉

お子様①がたはおいくつになられたのですか？
上の子供②は5歳、下の子供はようやく1歳になりました。

【ステップアップ】

「〜たち」は「〜がた」、「いくつ」は「おいくつ」、「なったんですか」は「なられたのですか」「なられましたか？」としましょう。

第1章

Q33 息子

【問題】
次の会話の〜〜部分を敬語にしてください。

〈取引先のB社長との話〉

A：会社は①息子さんにバトンタッチしたんですか？

B：そうですね、わたしはもう隠居ですよ。

〈B課長の悩みを聞いて〉

B：お宅の社長のご子息、お2人とも入社なさったそうですね。

A：はい。ただ下の②ご子息はまだ在学中なのでアルバイトです。

① 尊敬語は ［？］

② 謙譲語は ［？］

答えはコチラ

答え

解説 A33

①尊敬語は「ご子息様・ご令息様・ご長男（次男）様」

②謙譲語は「息子・長男（次男）・○○（名前）・せがれ」

〈解答例〉

会社は①ご子息様がご継承されたのですか？

はい、ただ②次男の方はまだ在学中なので、アルバイトとして働いております。

【ステップアップ】

「バトンタッチ」は、この場合「ご継承」、「したんですか」は「されたのですか」、「なんじゃないですか」は「ではないのでしょうか」などとしましょう。

第1章

Q34 娘

【問題】
次の会話の〜〜部分を敬語にしてください。

〈B課長の娘さんの結婚が決まって〉

A：①娘さんが結婚されるそうで。おめでとうございます。

B：ようやく嫁に出すことができてほっとしているよ。

A：これから準備で大変でしょうね。うちの伯父の②娘さんが結婚するときも、とても大変でしたよ。

① 尊敬語は ？

② 謙譲語は ？

答えはコチラ

答え

解説 A34

① 尊敬語は「お嬢様・ご令嬢様」
② 謙譲語は「娘・長女（次女）・○○（名前）」

〈解答例〉

①お嬢様がご結婚なさるとうかがいました。おめでとうございます。
うちの伯父の②娘が結婚するときもとても大変でしたよ。

【ステップアップ】
「娘さん」でも決して間違いではないですが、やはり「お嬢様」のほうが丁寧できれいな表現です。

第1章

Q35 両親

【問題】
次の会話の〜〜部分を敬語にしてください。

〈Bに物件を売り込んでいるとき〉

B：家を買うときは親たちの保証もいるんですよね。

A：我々の長年に渡る豊富な実績と経験は①両親にとりましても満足してもらえると思います。うちの②父さんと母さんもぼくたちの会社の物件に住んでいて喜んでいます。

① 尊敬語は ？

② 謙譲語は ？

答えはコチラ

答え

解説 A35

① 尊敬語は「ご両親様・ご両所様」
② 謙譲語は「両親・父母」

〈解答例〉

私どもの長年に渡る豊富な実績と経験は、①ご両親様にもご満足いただけるものと存じます。わたくしの②父母も私どもの会社の物件に住んでいて喜んでおります。

《ステップアップ》

「我々」でも間違いではありませんが「私ども」などとする方が柔らかい表現です。「満足してもらえる」は「ご満足いただける」、「思います」は「存じます」。

第1章

Q36

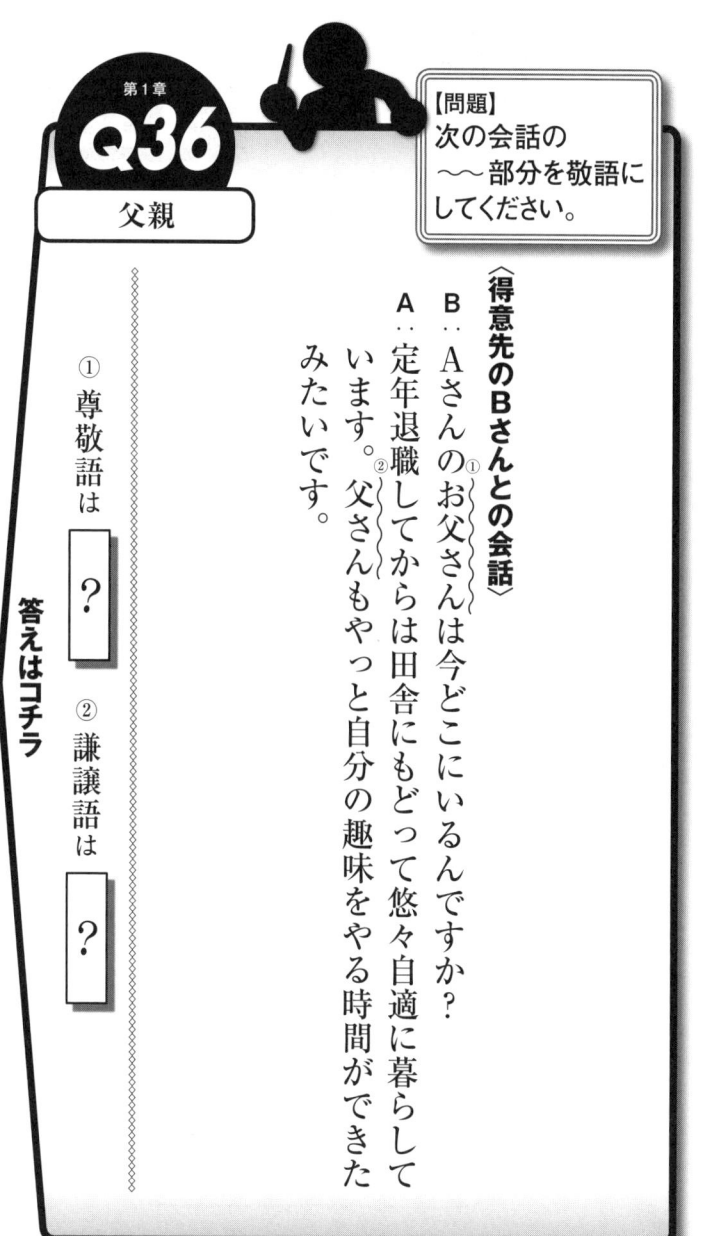

父親

【問題】
次の会話の
〰〰部分を敬語に
してください。

〈得意先のBさんとの会話〉

B：Aさんの①お父さんは今どこにいるんですか？

A：定年退職してからは田舎にもどって悠々自適に暮らしています。②父さんもやっと自分の趣味をやる時間ができたみたいです。

① 尊敬語は ？

② 謙譲語は ？

答えはコチラ

解説 A36

答え

① 尊敬語は「お父様・お父上様・ご尊父様」

② 謙譲語は「父・老父」

〈解答例〉

①お父様は今どちらにお住まいでいらっしゃいますか？

②父もようやく自分の趣味をやる時間ができたようです。

【ステップアップ】

「どこに」は「どちらに」、「いるんですか」はこの場合「お住まいなのですか」、「やっと」は「ようやく」。自分の親のことを「うちの父さん」「私のお母さん」などと言う人が増えているといいますが、やはり「私の父」「母」ときっちり言葉に出しましょう。

第1章

Q37

母親

【問題】
次の会話の〜〜部分を敬語にしてください。

〈自分の母に関する話〉

B：Aさんの①お母さんはいつ会っても笑顔ですね。

A：②うちのママは明るいのと元気だけが取り柄なんです。

① 尊敬語は ？

② 謙譲語は ？

答えはコチラ

答え

解説 A37

① 尊敬語は「お母様・お母上様・ご母堂様」
② 謙譲語は「母・老母」

〈解答例〉

①お母様はいつお会いしても笑顔でいらっしゃいますね。
②母は明るいのと元気なのが取り柄なんです。

【ステップアップ】

「いつ会っても」は「いつお会いしても」、「笑顔だねえ」は「笑顔ですね」あるいは「笑顔でいらっしゃいますね」ともっと丁寧に言うこともできます。「ママ」は当然「母」ですね。

第1章

Q38

友人

【問題】
次の会話の
〜〜部分を敬語に
してください。

〈Bの友人に関する話〉

A：久しぶりに田舎に帰ったそうですね。地元の①友達に会ったんですか？

B：②友達には6年ぶりに会いましたね。懐かしかったです。

① 尊敬語は ？

② 謙譲語は ？

答えはコチラ

答え

解説 **A38**

① 尊敬語は「お友達・ご友人・ご朋友・ご学友」
② 謙譲語は「友人・友達・学友・旧友」

〈解答例〉

久しぶりにご実家にお帰りになられたのですね。地元のお友達にはお会いになったのですか?

【ステップアップ】
「田舎」は東京在住の人がよく使いますが、この場合「ご実家」のほうが良いでしょう。「帰った」は「お帰りになられた」、「会ったんですか」は「お会いになられたのですか」。

第1章

Q39

上司

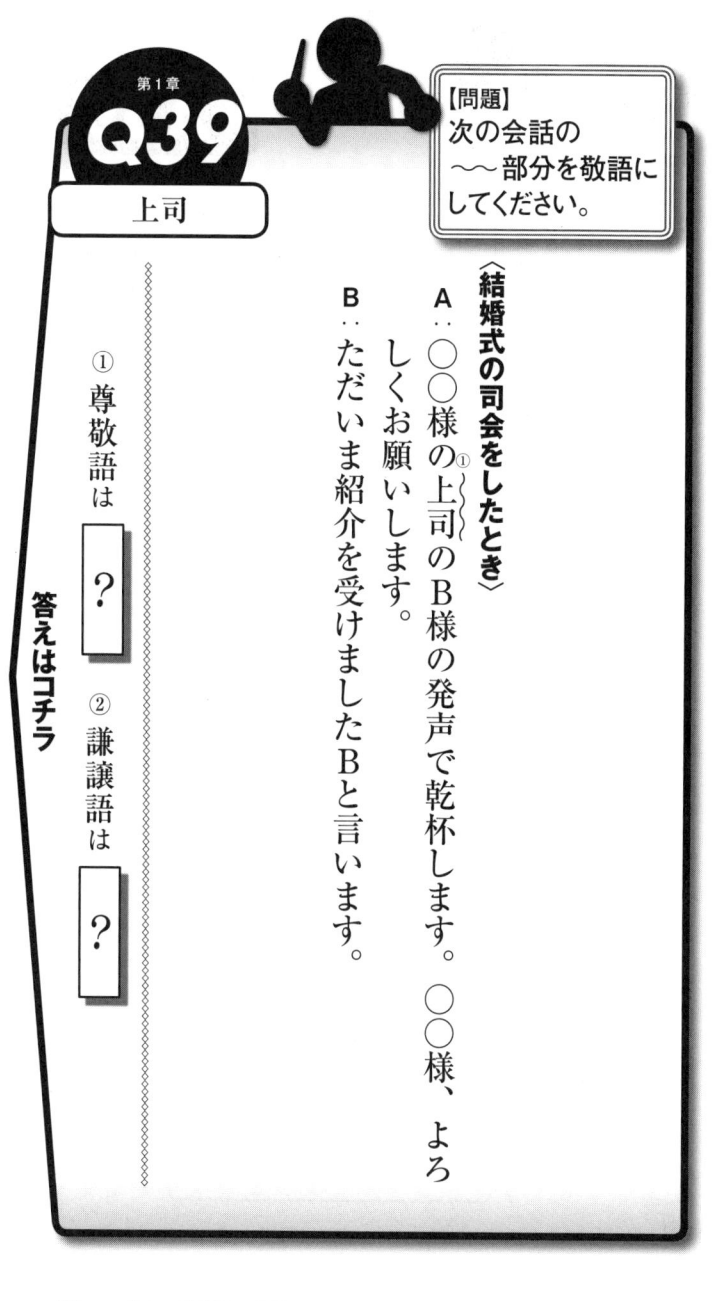

【問題】
次の会話の〰〰部分を敬語にしてください。

〈結婚式の司会をしたとき〉

A：○○様の①上司のB様の発声で乾杯します。○○様、よろしくお願いします。

B：ただいま紹介を受けましたBと言います。

①尊敬語は [?]

②謙譲語は [?]

答えはコチラ

答え

解説 A39

①尊敬語は「ご上司・ご上役・御社の（社長・部長など役職）」
②謙譲語は「上司」

〈解答例〉

①ご上司にあられますB様のご発声で乾杯を執《と》り行います。
ただいまご紹介にあずかりましたBと申します。

【ステップアップ】

「発声」は「ご発声」、「乾杯します」はこの場合「乾杯を執り行います」、「紹介を受けました」は「ご紹介にあずかりました」。「Bと言います」は「Bと申します」。

第1章

Q40

社員

【問題】
次の会話の〰部分を敬語にしてください。

〈旅行会社との打ち合わせのとき〉

A：①社員の研修旅行を検討しているのであれば、ぜひ相談してください。

B：できれば温泉があるところがいいな。

〈取引先のBとの会話〉

B：おたくの社員のなかで外に向かって会社の悪口を言っている人がいるらしいけど？

A：うちの②社員にかぎってそんなことはないですよ。

① 尊敬語は ？

② 謙譲語は ？

答えはコチラ

答え

解説 A40

① 尊敬語は「御社社員・貴社社員○○様（皆様）」
② 謙譲語は「当社社員・弊社社員○○」

〈解答例〉

①御社社員の研修旅行をご検討されているのでございましたら、ぜひ②当社に（私共に）ご相談ください。当社の社員にかぎってそんなことはございません。

【ステップアップ】

「相談してください」は「ご相談ください」、「おたくの社員」は「御社の社員」、「ないですよ」は「ございません」などとしましょう。

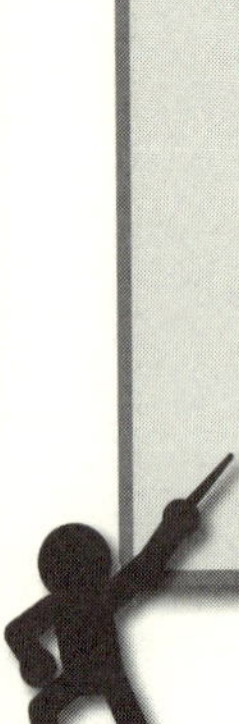

第1章

Q41 会社

【問題】
次の会話の〜〜〜部分を敬語にしてください。

〈入社試験の面接を受けるとき〉

B：なぜ①うちの会社を受験しようと思われたのですか？　他は受けているのですか？

A：②おたくの会社の積極的な姿勢に惹かれました。自分の力を発揮するにはここしかないと思ったからです。

① 謙譲語は ？

② 尊敬語は ？

答えはコチラ

答え

解説 A41

① 謙譲語は「当社・弊社・小社・手前ども」
② 尊敬語は「御社・貴社」

〈解答例〉

なぜ①弊社を受験しようと思われたのですか？
②御社の積極的な姿勢に惹かれました。わたしの力を発揮するには御社しかないと考えました。

【ステップアップ】

「うちの会社」は「弊社」「当社」などにしましょう。「自分の」は「わたしの」、「ここしかない」はこの場合「御社しかない」、「思ったからです」はこの場合「考えた次第です」などとしてもよいでしょう。

第1章

Q42

プレゼント

【問題】
次の会話の
〜〜部分を敬語にしてください。

〈贈り物に対するお礼の手紙〉

先日は①プレゼントをもらいましてありがとうございました。つまらないものですが、こちらからもお礼代わりに②プレゼントしたいと思います。

① 尊敬語は ？

② 謙譲語は ？

答えはコチラ

答え

解説 A42

① 尊敬語は「けっこうな品」〈その他〉佳品

② 謙譲語は「心ばかりの品・粗品」〈その他〉しるし

〈解答例〉

過日は①けっこうな品を頂戴しまして、ありがとうございました。ささやかではございますが、手前どももお礼に②心ばかりの品を差し上げたいと存じます。

【ステップアップ】

「先日」は「過日」、「もらいまして」は「頂戴しまして」、「つまらないものですが」はこの場合「ささやかではございますが」などとしましょう。

第1章

Q43

手紙

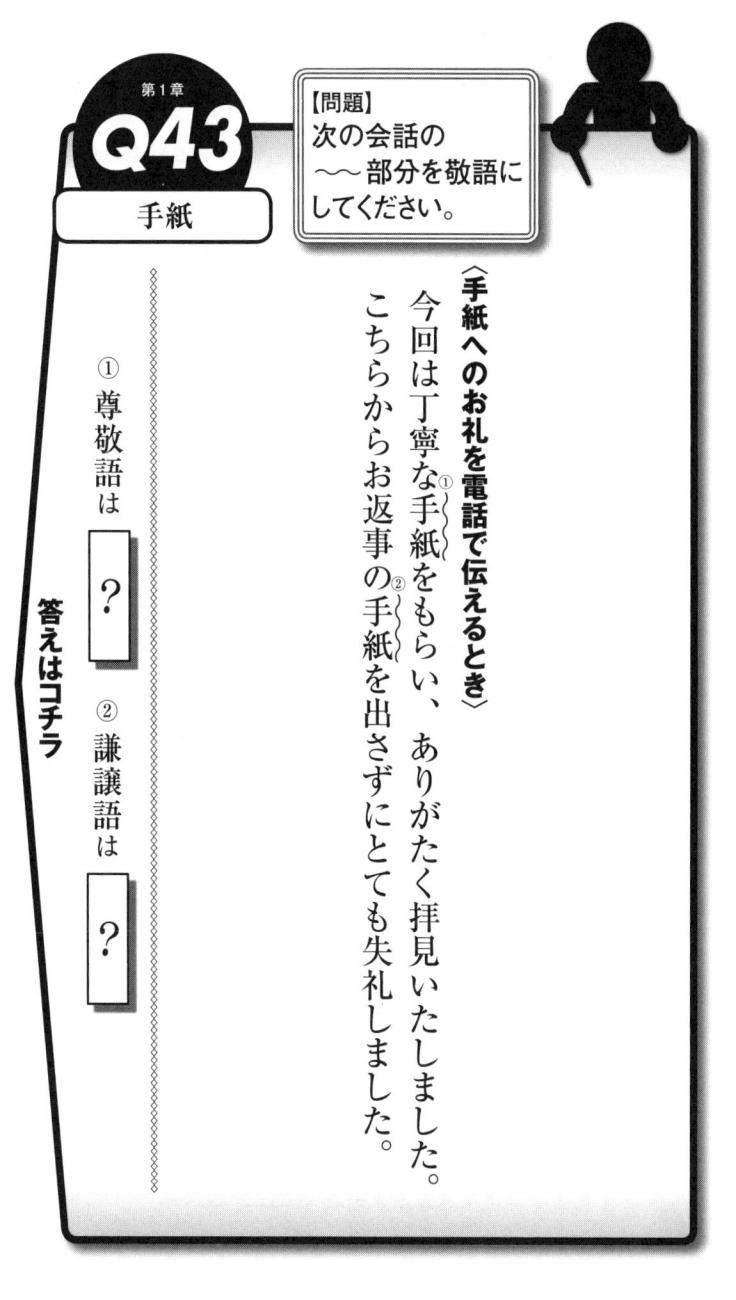

【問題】
次の会話の〜〜部分を敬語にしてください。

〈手紙へのお礼を電話で伝えるとき〉

今回は丁寧な①手紙をもらい、ありがたく拝見いたしました。
こちらからお返事の②手紙を出さずにとても失礼しました。

① 尊敬語は ？

② 謙譲語は ？

答えはコチラ

答え

解説 **A43**

① 尊敬語は「お手紙・ご書面」

② 謙譲語は「手紙・書面」

〈解答例〉

この度はご丁寧な①お手紙をいただき、ありがたく拝見いたしました。

こちらからお返事の②手紙を差し上げずに、大変失礼致しました。

【ステップアップ】

手紙、電話など、謙譲語には普通「お」をつけませんが、相手に差し上げる場合のみ「お」をつけます。〝相手に直接届く自分の動作や物〟には謙譲語の「お」や「ご」を使う場合があります。ほかに、「ご相談」「ご連絡」「ごあいさつ」「ご報告」「お返事」などがあります。また、「今回は」は「この度は」、「出さずに」は「差し上げずに」、「失礼しました」は「失礼致しました」としましょう。

第1章

Q44

家

【問題】
次の会話の〰〰部分を敬語にしてください。

〈Bさんの家を訪れる際に〉

A：○○さんの①家ってあなたの家から遠いのでしょうか。

B：自分の②家からは車で30分程のところです。

① 尊敬語は ？

② 謙譲語は ？

答えはコチラ

答え

解説 **A44**

①尊敬語は「お住まい・お宅」
②謙譲語は「拙宅《せったく》・当方」

〈解答例〉

○○さんの①お住まいはお宅から遠いのでしょうか。
②拙宅より車で30分程のところにございます。

【ステップアップ】

あまりかしこまる必要のないときは、「私の家」でかまいません。「~からは」は、この場合「~より」、「ところです」は「ところにございます」としましょう。

「あいさつ」と「返事」

今回、敬語を練習するにあたって、敬語以前の心がまえについてお話ししたいと思います。それは「あいさつ」と「返事」に関することです。どんなに正しい敬語を使ってもこの二つが抜けていては良い人間関係は築けません。いつも明るい笑顔で自分の方から「あいさつ」をしましょう。名前を呼ばれたときには「はい！」とはっきり答え、いろいろな場面での「返事」もしっかりとしましょう。簡単なことのようですが意外に難しいものです。

「あいさつ」や「返事」にもいろいろな言葉があります。どうぞご自分でいろいろ考えてみて適確に使えるようになってください。

第2章 タメ口《ぐち》→丁寧な言い方に換えるなら？

言葉は「生き物」です。時代と共に新しい表現、言葉が生まれてきます。しかし、若者の間でだけ使われ、社会的には認知されていない言葉が沢山あります。それらはやはりビジネスの場。目上の人との会話ではさけるべきです。若い皆さんが、思いがけず口にしてしまいそうな言葉を集めてみました。

自分では「こんな言葉、職場では使わない」と思ってらっしゃるかもしれません。しかし普段使っていると思わず口をついて出てしまうものです。新しい「若者言葉」というのは、今までにあった言葉ではうまく言い表せない状況なり、気分なりを引っぱり言い当てているという一面もあるようです。とはいえ、やはり目上の人やお客様を相手にする場ではお互いに理解しあえる言葉を使いたいものです。

第2章

Q45

【問題】
次の会話の
〜〜〜部分を敬語に
してください。

マジっすか？

〈B課長にいきなり仕事を振られたとき〉

B：山田がいないぞ。

A：休みみたいですよ。どうかしましたか？

B：山田に頼みたいことがあったんだが……それならAに頼む。

A：マジっすか？

答えはコチラ

答え

解説 A45

え、本当ですか？

解説 基本的には「マジっすか？」は驚きの場合と相づちの場合との2パターンが考えられますが、驚きの場合は「本当ですか？（驚いています）」のような、予想外でビックリしていることを伝えましょう。もし相づちなら、「マジっすか」は相手を疑う口調です。職場ではたとえ無礼講な雰囲気でも言わないようにしましょう。

〈例〉休日出社でミーティングってマジっすか？
→今週末は休日出社とうかがいましたが、本当でしょうか。

【ステップアップ】
「マジっすか」などを口ぐせのように出さないように心がけましょう。いきなり理由もなく拒絶しているように受け取られ、自分が思っている以上に周囲を不愉快にさせます。思わず口に出そうになっても落ち着いて理由や状況を確認しましょう。また、「みたいです」は「のようです」にしましょう。「どうかしましたか」は「いかがなさいましたか」、または「どうかなさいましたか？」です。

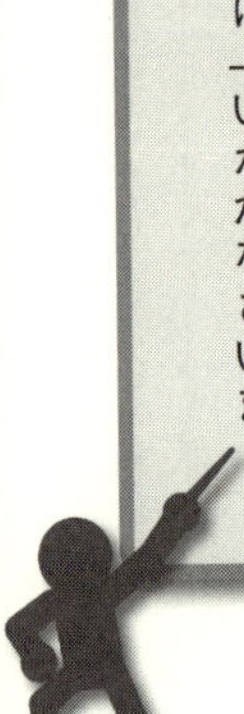

第2章

Q46

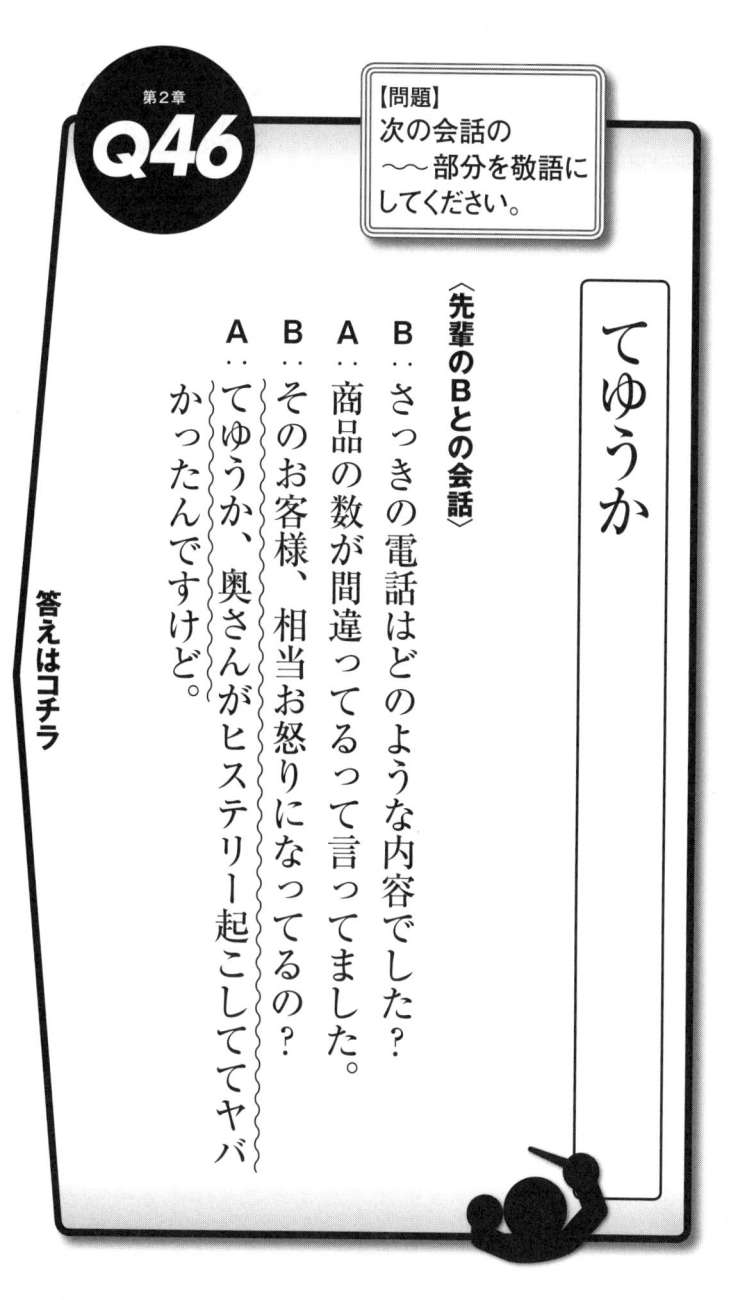

【問題】
次の会話の
〰〰部分を敬語に
してください。

てゆうか

〈先輩のBとの会話〉

B：さっきの電話はどのような内容でした？

A：商品の数が間違ってるって言ってました。

B：そのお客様、相当お怒りになってるの？

A：てゆうか、奥さんがヒステリー起こしててヤバかったんですけど。

答えはコチラ

答え

解説 A46

そうですね、私ではうまく対応できなかったようです。

解説「てゆうか」も、相手の発言を頭ごなしに否定するときに使う場合と、相手の意見に自分も同調した際の相づちのような感じで、枕詞《まくらことば》（ある語句の前に置いて調子をととのえる言葉）のように使っている人も。もし相手の意見を否定するのであれば極力柔らかい口調で。もし否定する気持ちがない、むしろ共感しているなら「確かにそうですね」「おっしゃる通りです」といった言葉で。

〈例〉むこうがキレてるってゆうか、ヒステリー起こしてやばいんですけど。
→そうですね、私ではうまく対応できなかったようですが。

【ステップアップ】

「言ってました」は「おっしゃっていました」です。「客」ではなく「お客様」。また、「ヒステリー」は女性蔑視のニュアンスを含む言葉なので、オフィスでは必ず避けるべき言葉です。他にもこのような言葉はたくさんあります。それを分かっていただくために悪い例としてあえて取り上げました。やはりお客様をさらに怒らせたことに対し、自分の不手際は率直に詫びて、上司に判断を仰ぐべきでしょう。

第2章

Q47

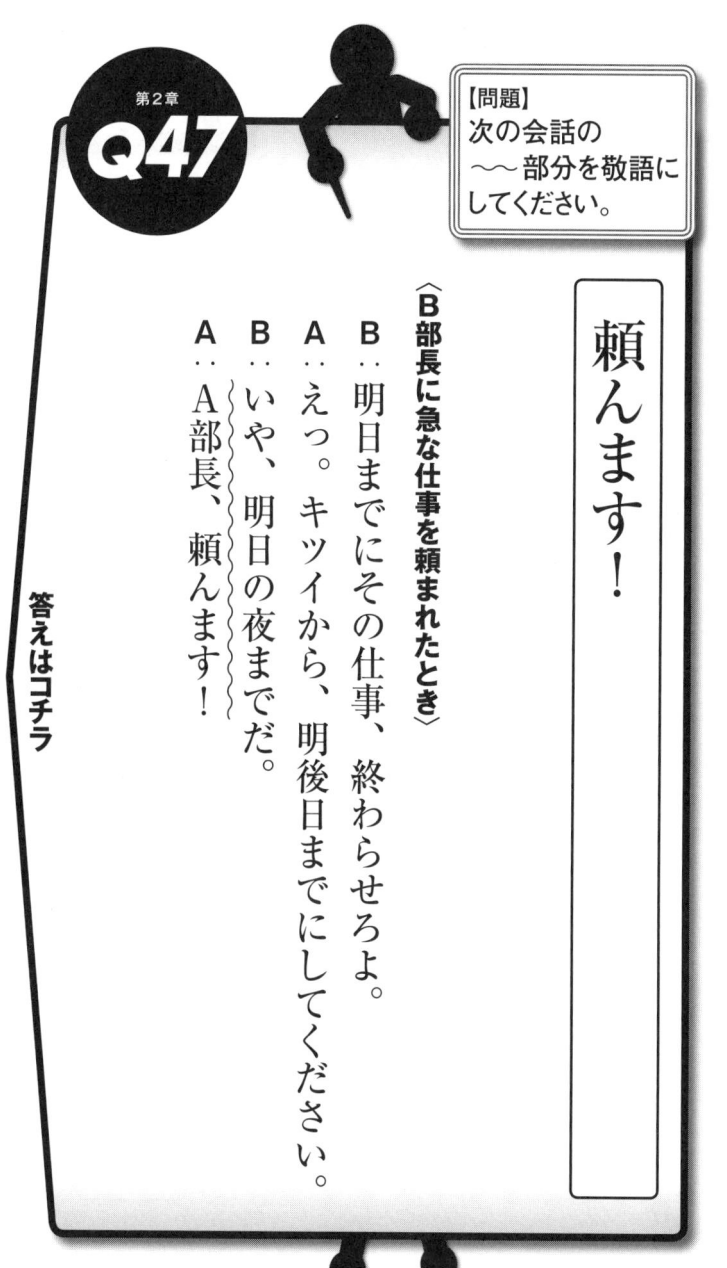

【問題】
次の会話の〜〜部分を敬語にしてください。

頼んます！

〈B部長に急な仕事を頼まれたとき〉

B：明日までにその仕事、終わらせろよ。

A：えっ。キツイから、明後日までにしてください。

B：いや、明日の夜までだ。

A：A部長、頼んます！

答えはコチラ

答え

解説 **A47**

A 部長、お願い致します。

解説

たとえ親しい間柄でも、お願いごとがある場合はていねいな話し方で。もし、とても言いにくい、面倒なお願いのときには「厚かましい」「身勝手な」「大変申し上げにくい」などの言葉を冒頭につけたり、「お願いがあってうかがいました」と言うのがいいでしょう。緊急事態なら「無理を承知でお願いにあがりました」などもいいですね。

〈例〉部長、来週有給ください。頼んます！
→部長、お願いしたいことがあるのですが…。実は、来週から○日ほど、お休みをいただいてもよろしいでしょうか？

【ステップアップ】

「えっ」と、つい言ってしまうかもしれませんが、できればフォローするような言葉を冷静に、丁寧に話しましょう。前向きの姿勢で、「できるだけ頑張ってみるが、難しい」という意味を込めて「可能な限り努力してみますが、予定も立て込んでいるので、明日までというのは難しいのではないかと思います」などとしましょう。客観的に見て正当な理由があれば、遅れることをはっきり伝えておきましょう。

第2章

Q48

【問題】
次の会話の〜〜部分を敬語にしてください。

困るんですけど

〈上司から休日イベントの係員を頼まれて〉

B：明日のイベント、人数が一人足りてないな。

A：そりゃ、マジでヤバくないですか？

B：じゃあ、Aに出てもらおう。よろしく。

A：明日先約あるし、困るんですけど。

答えはコチラ

答え

解説 **A48**

申し訳ありませんが、私は明日部長のお供で○○商事にうかがう先約があるのです。

解説 依頼を断るとき、上司の意思にどうしても沿えないときなど、相手にとって不愉快なことを伝えるときほど気をつかって、丁寧に誠意のこもった応答をしましょう。まずは「自分もこんなことを言うのは気がひける……」といったフレーズを最初につけてから困っていることを話すといいでしょう。また、先約がある場合は具体的な用件を述べるようにしましょう。

〈例〉いつも私の机から勝手にペン持ってかないでくれます？　困るんですけど。
→申し上げにくいのですが、私の机にあるペンをお使いになったらお戻しいただけますでしょうか。

【ステップアップ】
〈例〉を言うときには、笑顔で優しい口調を心がけて言いましょう。「そりゃ」は「それは」ときちんと言いましょう。「マジでヤバくないですか？」とつい口に出してしまいがちですが、この場合は「それは困りましたね」などとしましょう。

第2章

Q49

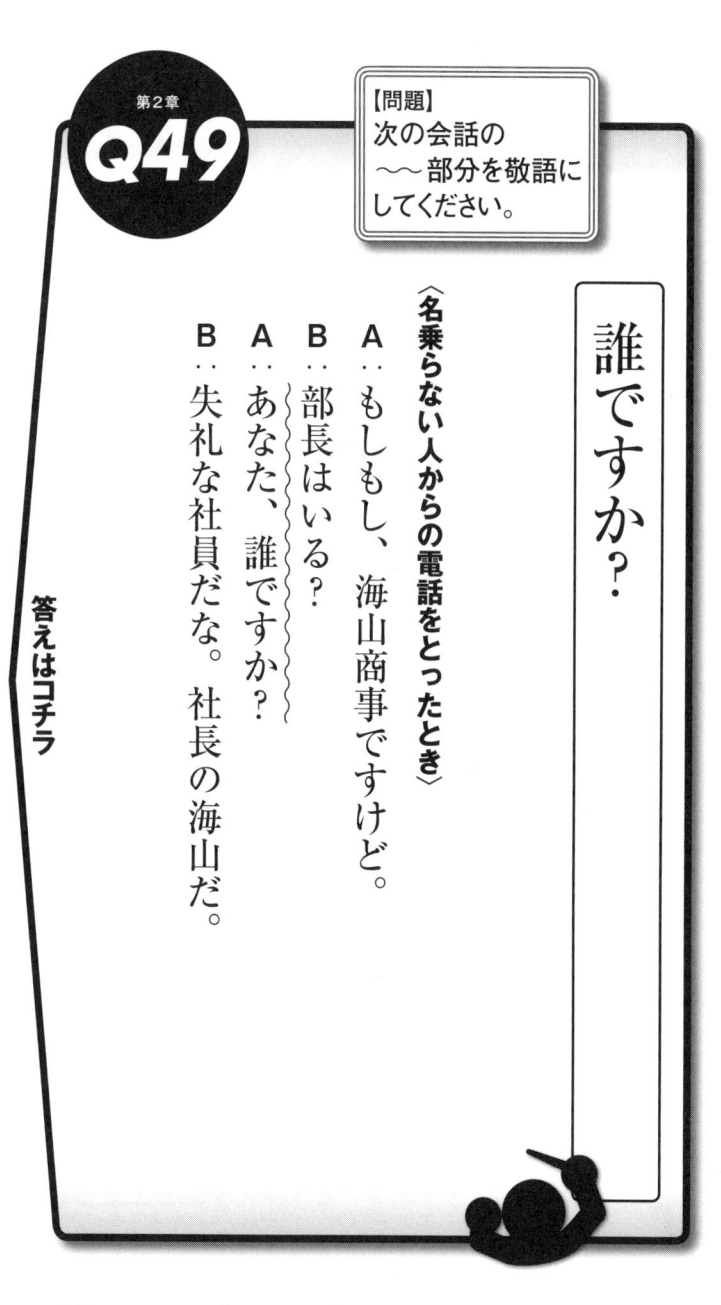

【問題】
次の会話の〰部分を敬語にしてください。

誰ですか？

〈名乗らない人からの電話をとったとき〉

A：もしもし、海山商事ですけど。

B：部長はいる？

A：あなた、誰ですか？

B：失礼な社員だな。社長の海山だ。

答えはコチラ

答え

解説 A49

失礼ですが、どちら様でしょうか?

解説 相手の名前を聞く場合は「よろしければ、お名前を教えていただけますか?」「お名前をうかがってもよろしいでしょうか?」など。「よろしければ」「お差し支えなければ」などを最初につけましょう。

〈例〉あのー、誰ですか?
→失礼ですがどちら様でしょうか? もしよろしければ、お名前を教えていただけませんか?(おうかがいしてもよろしいでしょうか?)

《ステップアップ》
電話の第一声は「はい、海山商事のAでございます」です。こちらが受けたときの「もしもし」はマナー違反です。「~ですけど」と語尾を濁すのもやめましょう。

第2章

Q50

【問題】
次の会話の
〰〰部分を敬語に
してください。

これでいいっすか？

〈企画書を提出するとき〉

A：あの企画書はもうできあがったのか？

B：はい、これ、一応読んでください。

A：（確認中）なるほど。

B：商品名は、これでいいっすか？

答えはコチラ

答え

解説 **A50**

これでよろしいでしょうか?

解説 自分が作業したことや、ひとりでやったことを、上司など誰かに確認してもらいたい際、確認するなら「よろしいでしょうか」に。自分からOK（＝いい）と言わずに、あくまでも相手にうかがう姿勢を崩さないようにしましょう。この場合一見敬語に聞こえる「けっこうでしょうか?」も実は×。自分から「いい」や「けっこう」は言わないように。

〈例〉 コピー&ホチキス綴じ終了! これでいいっすか?
→○○資料のコピーとホチキス綴じが終わりました。これでよろしいでしょうか?

【ステップアップ】
「はい、これ」という言い方は「はい出来上がりました。こちらになります」。また、「一応」というのはあいまいなのでつけないようにしましょう。「読んでください」ではなく「確認いただいてよろしいでしょうか」でしょう。

第2章

Q51

【問題】
次の会話の〰〰部分を敬語にしてください。

どうしますか？

〈次の予定に遅れそうなとき〉

B：会議が長引いたな。次の予定は？

A：○○社へ打ち合わせですけど、今から行っても間に合わないですね。

B：まずいな、遅れることを伝えておいてくれ。

A：担当者に電話したんですけどいないんですよ。〰どうしますかね？〰

答えはコチラ

答え

解説 **A51**

いかがいたしましょうか?

解説 先方に判断をゆだねるような場合、「どうしますか?」より、「いかがいたしましょうか?」のほうが柔らかい印象を与えます。できれば上司の指示を待つのではなく、「○○などの方法がありますが、いかがいたしましょうか」などと、自分から解決案を提示した上で判断を仰ぐのがいいでしょう。

〈例〉○○は今席にいないんだけど……。どうする?
→あいにく○○は席を外しております。いかがいたしましょうか?

【ステップアップ】
「電話したんですけど」は「担当の方にお電話差し上げたのですが」、「いないんですよ」は「ご不在のようです」。

第2章

Q52

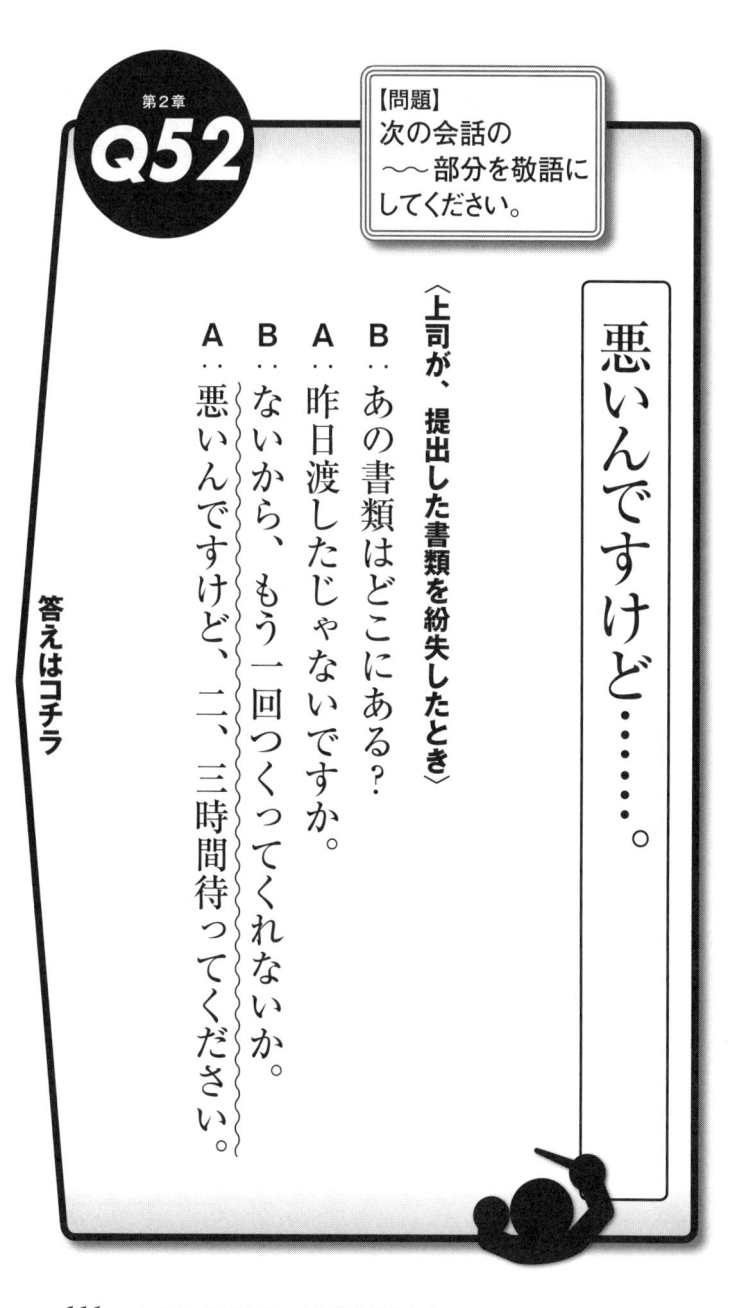

【問題】
次の会話の〰〰部分を敬語にしてください。

悪いんですけど……。

〈上司が、提出した書類を紛失したとき〉

B：あの書類はどこにある？

A：昨日渡したじゃないですか。

B：ないから、もう一回つくってくれないか。

A：悪いんですけど、二、三時間待ってください。

答えはコチラ

大変心苦しいのですが、二、三時間お待ちいただけますでしょうか？

解説 まずは相手の気持ちを考えて、最初のフレーズは「大変心苦しいのですが」「申し訳ないのですが」という言葉を入れましょう。そのあと、断る理由を説明しましょう。「○○さんのご事情はよくわかりますが」「お役に立ちたいのはやまやまですが」なども、相手の期待にこたえられない、お詫《わ》びの気持ちをまずは伝えましょう。

〈例〉お客様にはわるいんですけど、規則だからカード作れないんですよ。
→大変心苦しいのですが、規則でございますので、お客様の新しいカードの発行はできかねます。

【ステップアップ】
「渡したじゃないですか」は「お渡ししたはずなのですが」としましょう。「待って」は「お待ちいただけますか」としましょう。また、断定的で相手を追い込むような表現は避けましょう。

第2章

Q53

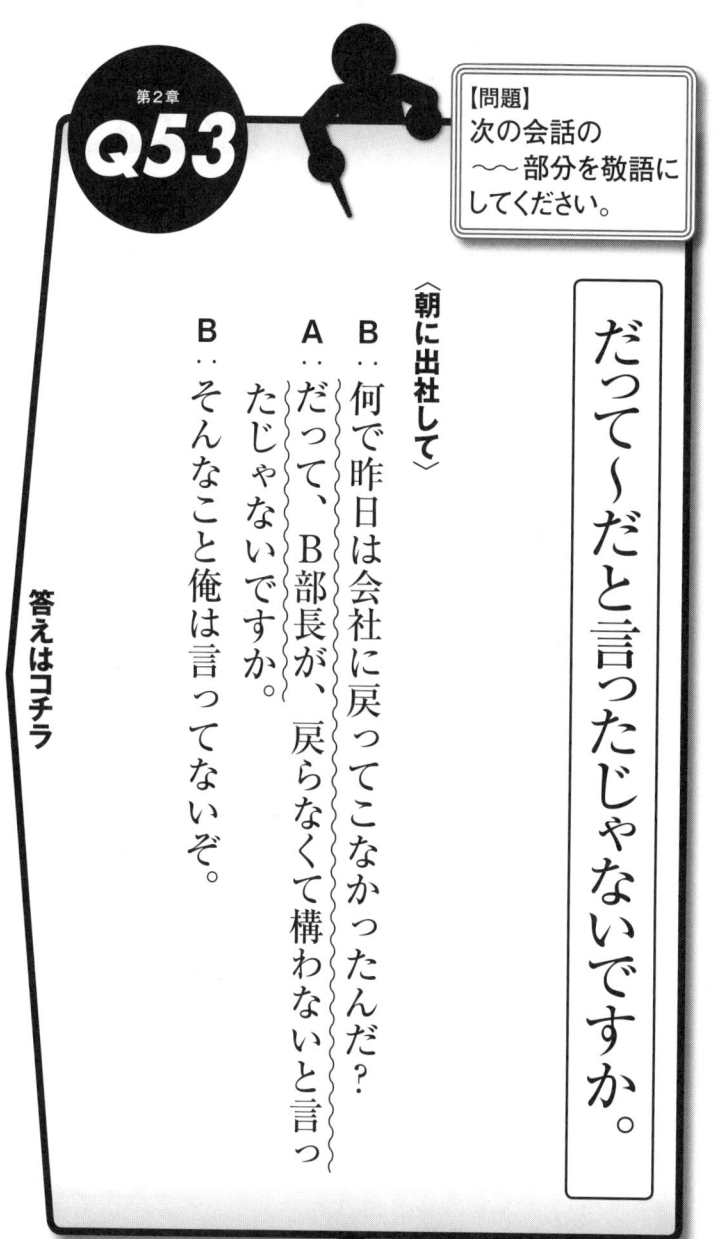

【問題】
次の会話の
〜〜〜部分を敬語にしてください。

だって〜だと言ったじゃないですか。

〈朝に出社して〉

B：何で昨日は会社に戻ってこなかったんだ？

A：だって、B部長が、戻らなくて構わないと言ったじゃないですか。

B：そんなこと俺は言ってないぞ。

答えはコチラ

答え

解説 A53

B部長が、そのようにおっしゃったと思っておりましたが……。

解説

「だって」「でも」などを使うと、子供っぽいだけではなく、言い訳をするだだっ子のように見えて自分が損をすることがあります。つい口から出てしまう言葉ではありますが、オフィシャルな場では感情的に話さないのが鉄則です。

〈例〉だって○○さんのほうが、月末までに返事くれればいいって言ったじゃないですか。
→私の思い違いかもしれませんが、○○さんは、回答は月末までにとおっしゃったと思っておりました。

【ステップアップ】

「言った」は「おっしゃった」としましょう。また、相手が一方的な態度をとって、水掛け論になりそうな場合は、たとえ自分の言っていたことが正しいとしても努めてクールに話すようにしましょう。上司に対しては自分の方が折れることも大切です。

第2章

Q54

【問題】
次の会話の
〰〰部分を敬語に
してください。

普通に

〈B課長に営業成績を聞かれて〉

B：先月のうちの部の営業成績はどうなっている？

A：普通にいいんじゃないですか。

B：具体的に数字を出してくれるか？

A：先月の第４週が30％アップしているので、引き続いて今月の第１週もよさげですね。

答えはコチラ

答え

解説 A54

いい結果が出ています。

解説

「普通に」も、意味をなさない言葉となってしまい、今回の例のように、何をもって「普通」なのかあいまいでわかりません。こちらも口ぐせになっている人は多いようですが、できるだけ口に出さないようにしましょう。

〈例〉この料理、普通においしいですね。
→この料理、とてもおいしいですね。

【ステップアップ】
「いいんじゃないですか」とすると他人事のように聞こえるので、ここははっきりと伝えるようにしましょう。また、「よさげ」もよく使われますが、ここでは「よさそうですね」としましょう。

第2章

Q55

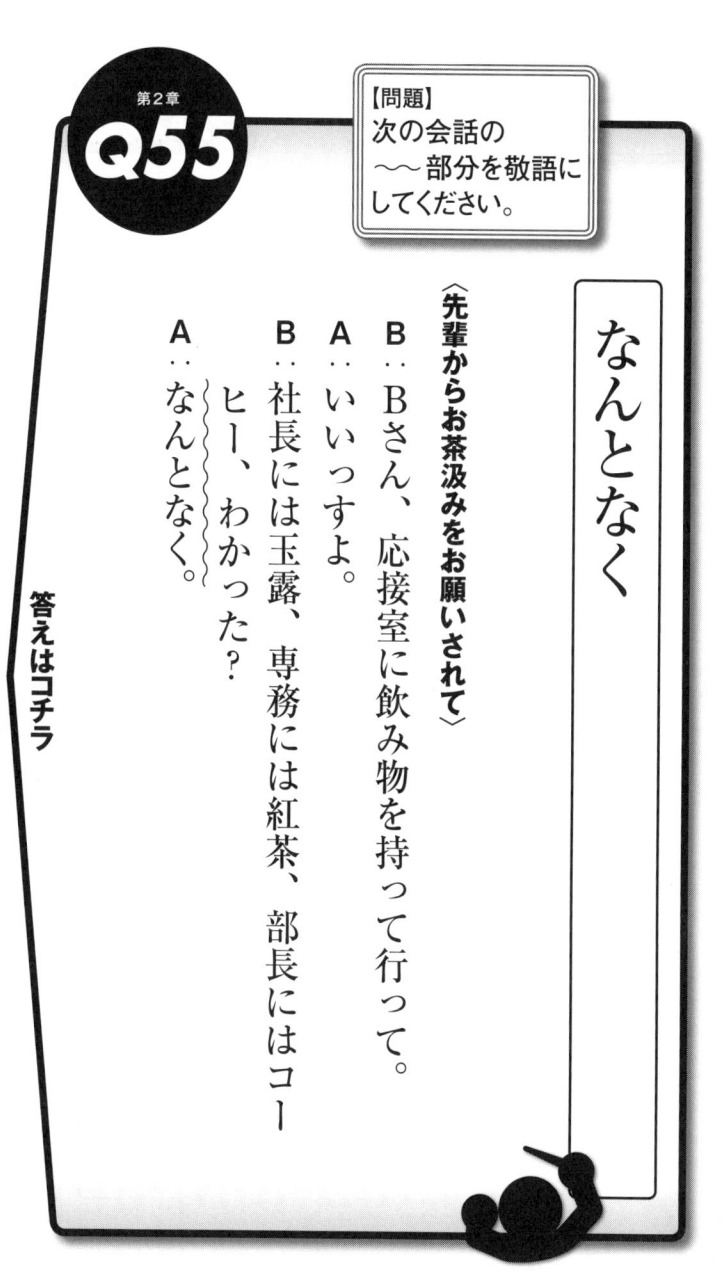

【問題】
次の会話の〜〜部分を敬語にしてください。

なんとなく

〈先輩からお茶汲みをお願いされて〉

B：Bさん、応接室に飲み物を持って行って。

A：いいっすよ。

B：社長には玉露、専務には紅茶、部長にはコーヒー、わかった？

A：なんとなく。

答えはコチラ

答え

解説 A55

わかりました／すみません、もう一度お願いします。

解説　上からの指示に対して、「なんとなく」などと反応すると、指示した側は、本当に理解しているのかどうか不安になってしまいます。ここははっきりと「わかった」あるいは「わからない」という意思表示をしましょう。また、わかったふりをしてはいけません。「もう一度お願いします」と聞き直すことは決して恥ずかしいことではありません。そして、自信がない場合は必ずメモをとりましょう。

〈例〉なんとなく企画を作ってみたんですけど、見てもらっていいですか。
→私なりに企画を作ってみましたので、ご覧いただけますでしょうか。

【ステップアップ】
「いいっすよ」ではなく、「はい」「わかりました」「かしこまりました」とはっきり返事するようにしましょう。また、例にある通り、「自分の考えでやってみた」ことを伝えるときにも、「なんとなく」とは言わず、「私なりに」などと言うのがいいでしょう。

第2章

Q56

【問題】
次の会話の〰〰部分を敬語にしてください。

ヤバい、かぶっちゃった

〈取引先に先輩と行く前に〉

A：じゃ先輩、そろそろ行きましょうか。

B：そうだな。取引先に持っていくお菓子を買っておいたよ。

A：あれ、先輩も買ったんですか？　ヤバい、かぶっちゃった。

B：君もか。

答えはコチラ

答え

解説 **A56**

困りましたね、私も同じことをしてしまいました。

解説 誰かと同じ動作を偶然した際、同じ言葉を発した際などに、ついおどけて「かぶっちゃった」と明るく言うこともありますが、あくまでもくだけた雰囲気が許される場合のみです。例えばプレゼンテーションの資料が同僚と偶然同じだった場合や、自分以外の人が全く同じ作業をしていた際などは「同じことをしてしまいました」などと言うのがいいでしょう。

〈例〉取引先に持って行くサンプル商品、先輩も持ってきたんですか？　ヤバい、かぶっちゃった。
↓取引先に持参するサンプル商品、先輩もご用意されていたのですか？　実は私も同じものを持参してしまいました。

《ステップアップ》
「じゃ」も間違いではありませんが、「では」などとしましょう。「行きましょうか」は「伺いましょうか」。「買ったんですか」は「お買いになったのですか」です。

【問題】
次の会話の〜〜部分を敬語にしてください。

ミスッちゃった

〈上司に失敗を報告するとき〉

A：課長、すんません。

B：何を謝っているんだ？

A：先方に渡す書類、一部抜けてしまいました。ミスっちゃいました。

答えはコチラ

答え

解説 A57

うっかり間違えてしまいました

解説 Q12の「かぶっちゃった」同様、「〜ちゃった」という言い方は職場にはふさわしくありません。「〜ちゃった」を「してしまいました」にきちんと言い換えるようにしましょう。また、ミスを「間違い」などと言い換えるだけではなく、具体的に失敗した内容を伝えましょう。ケアレスミスの場合は「うっかりしてしまいました」という言い方がいいでしょう。

〈例〉○○課長に渡す書類、一部抜けてたんだよね〜。ミスっちゃったよ。
→申し訳ありません。私がミスをしてしまい、部長にお渡しした書類が一部足りないままになっておりました。

【ステップアップ】
「すんません」ではなく「申し訳ありません」、あるいは「○○の件でお詫びしなければいけないことがあります」などと、具体的に何について謝罪するのかをあらかじめ伝えましょう。また、ただ謝るだけではなく、どのようなフォロー、対処法を考えているかを伝えましょう。また「私が至らなくて」「私の不手際で」といったフレーズも入れるとさらに丁寧な印象になります。

第2章

Q58

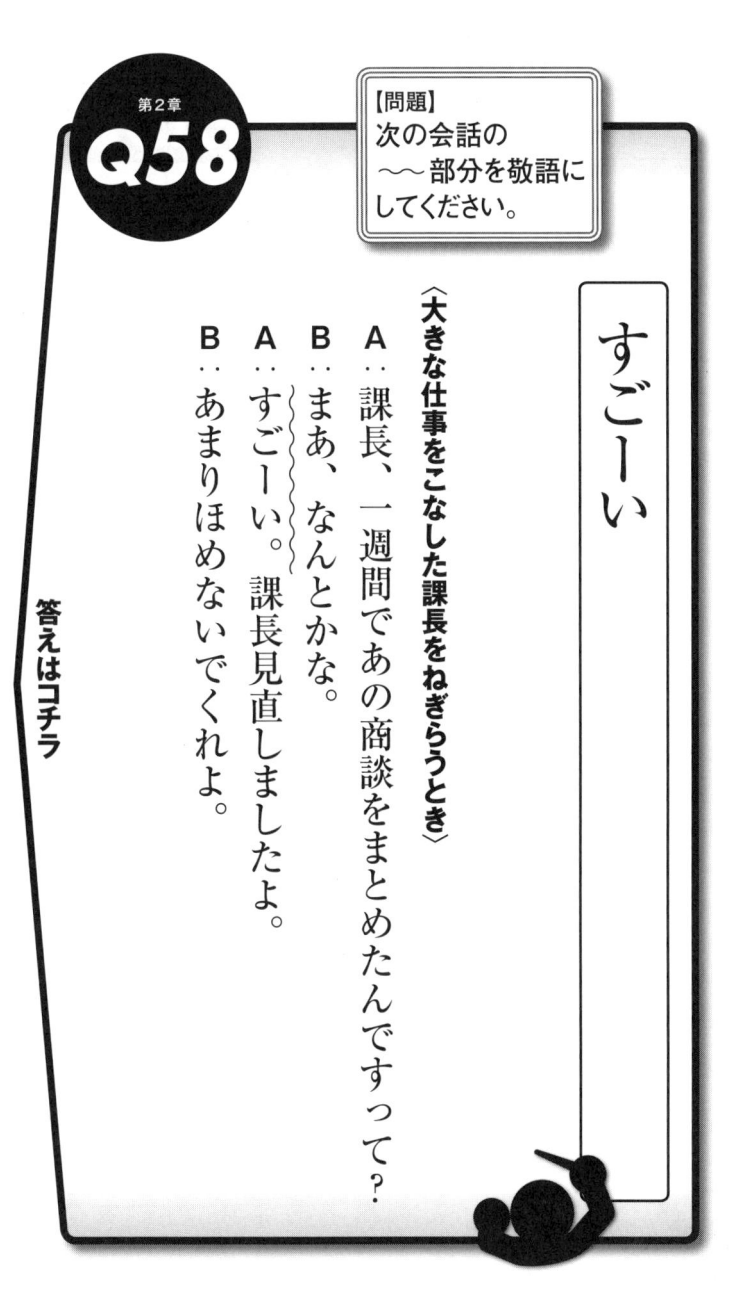

【問題】
次の会話の
〜〜部分を敬語に
してください。

すごーい

〈大きな仕事をこなした課長をねぎらうとき〉

A：課長、一週間であの商談をまとめたんですって？

B：まあ、なんとかな。

A：すごーい。課長見直しましたよ。

B：あまりほめないでくれよ。

答えはコチラ

答え

解説 A58

さすがですね、勉強になります。

解説 相手のことをほめる際、「見直した」では、いままで高い評価をしていなかったように聞こえてしまいます。今までもすごいと思っていたけど、改めてすごいと思った、という気持ちを込めて発言を。「勉強になります」「○○さんには教えていただくことばかりです」というのも謙虚さが伝わっていいでしょう。

〈例〉課長、○○社とのトラブル一人で解決したんだって。すご～い！
→○○課長が、○○社とのトラブルをお一人で解決したそうですよ。さすがですね。

【ステップアップ】
上司をほめるときは、あまり過剰に言葉を連ねると、かえってゴマをすっているような印象を与えてしまうので、表現は控えめに、しかし尊敬する気持ちを込めて言うようにしましょう。

第2章

Q59

【問題】
次の会話の～～部分を敬語にしてください。

できなくない？

〈部長から、先輩Bを通して仕事の指示があったとき〉

B：部長が、昨日話した企画を、書類にしてまとめてくれって。

A：えーっ、いつまでですか？

B：明日の会議までに作っておいてだって。

A：そんなこと言われても、できなくない？

答えはコチラ

答え

解説 **A59**

現実には難しいのではないでしょうか。

解説 いい大人が身勝手に職場で「できない」「無理」と言うことは、自分が無能だと宣言しているようなものです。ましてや「できなくない？」と相手に問いかけるのもあまりきれいだとは言えません。最初に「申し訳なさを伝える」言葉を言った上で、「難しい」と伝えましょう。

〈例〉今週中に納品しろって言われてもできなくない？
↓申し訳ないのですが、今週中に納品するのは、現実的には非常に難しいと思うのですが……。

【ステップアップ】
「いいですよ」は「かしこまりました」です。「そんなこと言われても」ではなく「申し訳ないのですが、そうおっしゃられましても」としましょう。

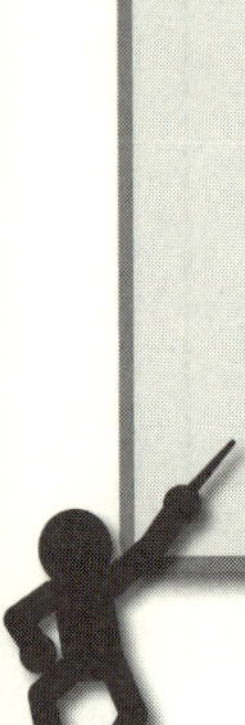

Q60

【問題】
次の会話の〜〜部分を敬語にしてください。

聞いてない

〈上司から計画の変更を伝えられて〉

B：○○社との取引が△△社に変更になったんだ。

A：それ、聞いてないですよ！ ○○社に発注しちゃったんですよ。どうするんですか？

B：社長からの指示だからしょうがないだろ。

答えはコチラ

解説 **A60**

答え

うかがっておりませんでしたが、至急確認して○○社への発注を取り消し、△△社に発注し直してもよろしいでしょうか。

解説 急に計画が変更になった場合、戸惑うこともあるでしょうが、「聞いてない」「どうするんですか」などと相手を責めるような姿勢は決してプラスになりません。ここでは次にどんなことをすればよいのか、前向きに物事を考える必要があります。たとえ事前に聞いてなかったとしても、「うかがっておりませんでしたが……」という言い方にとどめ、次のステップに進みましょう。

〈例〉会場変更の件、私は聞いていないので手続きが進められません。
→会場変更の件、私はうかがっておりませんでしたが、至急確認して予約を取り消す手続きをとりたいと存じます。

【ステップアップ】
仕事には変更や軌道修正がつきものですから、「〜しちゃったんですよ」などと、すでに終えてしまったから取り返しがつかない、というようなことを口にせず、ここでは「至急確認して」などと状況確認をするようにしましょう。

第2章

Q61

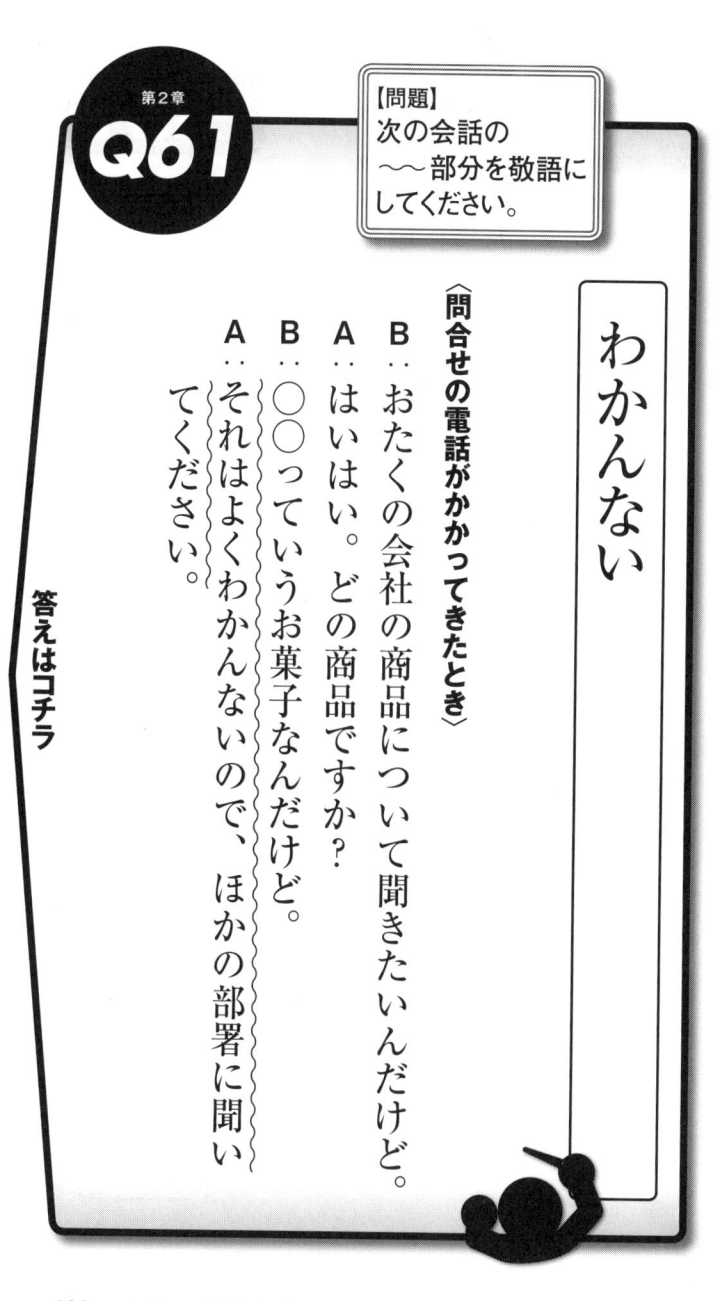

【問題】
次の会話の〜〜部分を敬語にしてください。

わかんない

〈問合せの電話がかかってきたとき〉

B：おたくの会社の商品について聞きたいんだけど。

A：はいはい。どの商品ですか？

B：〇〇っていうお菓子なんだけど。

A：それはよくわかんないので、ほかの部署に聞いてください。

答えはコチラ

答え

解説 A61

私ではわかりかねますので、この電話を○○部へおつなぎします。

解説 何かを聞かれた際、ただ「わかりかねます」とだけ言うと、相手の気持をシャットアウトするかのような厳しい印象にとられます。自分が得意ではないジャンルの場合は、「わかりかねますので、詳しいものに代わります」「わかりかねますので、あちらの窓口に」など、誰か詳しい人にバトンタッチするのがいいでしょう。

〈例〉わかんないから、あっちで聞いてください。
→私ではわかりかねますので、あちらの窓口でご用件をおっしゃっていただけますか？

【ステップアップ】
「はいはい」と返事を二度繰り返さず、「はい、かしこまりました」と返事は一度にしましょう。「どの商品ですか?」は、「どちらの商品についてのご質問でしょうか?」です。また、お客様からの問合せに対し、改めて電話をかけさせるような手間を取らせないように、他の部署にこちらから電話を回すようにしましょう。ただし、くれぐれもお客様に一から説明を強いてしまう「たらい回し」はさけましょう。

第2章

Q62

【問題】
次の会話の〜〜部分を敬語にしてください。

やっぱ

〈取引先にFAXが届いていなかったとき〉

B：先方からFAXが届いてないって連絡があったぞ。

A：あれ、そうですか？　1時間前に送ったんですけどね。

B：至急もう一度送っておいてくれ。

A：やっぱ、エラーになりますね。メールにしますか？

答えはコチラ

答え

解説 A62

やはり、エラーになってしまうようです。メールで送付しましょうか?

解説 ビヤガーデンなどで「やっぱ夏はビールでしょ」みたいな、フランクな付き合いの相手ならいいのですが、「やっぱ」も、相手に関係なくつい口から出てしまいがち。「やっぱり」でもくだけた印象です。「やっぱ」が出そうになっても、一呼吸おいて「やはり」から始めるクセをつけるようにしましょう。

〈例〉やっぱ、このスケジュールだと納品がきついっぽいです。
→やはり、このスケジュールでは納品が難しいとのことです。

【ステップアップ】
FAXやメールは、重要なものであれば面倒でも先方に届いたかどうかを確認すべきでしょう。また、「あれ、そうですか?」はこの場合「そうでしたか、失礼しました」などとしましょう。「1時間前に送ったんですけどね」などと言い訳めいたことも言わないようにしましょう。

第2章

Q63

【問題】
次の会話の
〜〜部分を敬語に
してください。

お先でーす

〈仕事が終わって〉

B：Aさん、もう帰るのか？

A：はい、すみません。お先でーす。

B：ああ、お疲れ様。

A：Bさんもお疲れです。

答えはコチラ

答え

解説 **A63**

お先に失礼致します。

解説 周囲より自分が先に帰る際、普段からよく知っている相手ならいいのですが、上司や目上の人がいる場合「お先でーす」「お先にー」は省略語で失礼な印象に。反対に、先に誰かが帰る際は「お疲れさまでした」「お気をつけて」などの返事で見送りましょう。基本的な挨拶なので必ず身につけてください。

〈例〉じゃあ、お先しまーす。
↓それでは、お先に失礼致します。

【ステップアップ】
「すみません」ではなく「申し訳ありません」です。「Aさんもお疲れです」は「お疲れ様でした」でしょう。相手がまだ仕事中の場合は「お疲れ様です」と、しっかりと心を込めて言うようにしましょう。

第2章

Q64

【問題】
次の会話の〜〜〜部分を敬語にしてください。

（お酒を勧められて）もう無理っす。

〈飲み会で〉

B：いやー、仕事の後の酒はうまいな。その酒をとってくれ。

A：はい。じゃあ、ビール入れますよ。飲んじゃってください。

B：おい、君も空になってるぞ。

A：<u>いや、もう無理っす。</u>

答えはコチラ

答え

解説 A64

もう十分にいただきましたので、これ以上はいただけません。

解説 もし、ピッチが早すぎて、ちょっと休みたい場合は素直に「小休憩です」でいいのですが、これ以上は飲めない場合、または、元々少ししか飲めない場合は「もう十分にいただきました」などとはっきり伝えましょう。「お酒嫌いなんで」「気心しれた仲間としか飲めないんで」といった、相手に嫌な気持ちを起こさせるような断り方は避けましょう。

〈例〉これ以上飲めないっす。もう無理っす。
→もう十分いただきました。申し訳ありません。今度は私がおつぎします。

【ステップアップ】
「はい。じゃあ、ビール入れますよ」は「申し訳ありません。気が利きませんで」でしょう。「飲んじゃってください」はこの場合「お飲みください」などとしましょう。

第2章

Q65

【問題】
次の会話の〜〜部分を敬語にしてください。

わりかし

〈上司から天気を調べるように言われて〉

B：明後日の天気を調べてくれよ。

A：一日中、雨ですね。どこか行くんですか？

B：取引先とゴルフに行くんだよ。すっきり晴れないなー。

A：今週は、わりかし雨多いっすよね。もう梅雨って感じですね。

答えはコチラ

答え

解説 A65

比較的雨が多いですね。

解説 「わりかし」とは、「割り方」の俗な言い方。で、「割り方」とは「割合に」「比較的」という意味になります。元々は同じ意味なので、ここは「比較的」を使うようにしましょう。「わりと」も同様に、「比較的～（多いですよね）」に言い換えるといいでしょう。

〈例〉今月はわりかし出張多いっすよね～。
→今月は比較的出張が多いですね

【ステップアップ】
「どこか行くんですか?」は「どちらかにお出かけですか?」でしょう。「もう梅雨って感じですね」ではなく「いよいよ梅雨ですね」としましょう。

第2章

Q66

【問題】
次の会話の
〜〜部分を敬語にしてください。

全然オッケーです

〈B課長からスケジュールの変更を伝えられて〉

B：明日の打ち合わせの時間、変えることにしたよ。
A：いいっすよ。何時から？
B：朝の10時からにしよう。
A：全然オッケーです。

答えはコチラ

答え

解説 A66

まったく問題ありません。

解説

「全然」という意味は本来否定的な言葉、打ち消す意味の言葉と合わせて使うのが正しいのですが、最近は「とても」「すごく」などと同様に、ポジティブな言葉を伴った使われ方も増えています。ただ、これはあくまでも気軽に話せる相手とだけ。オフィシャルな場では「まったく問題ありません」あるいは「かしこまりました」がいいでしょう。

〈例〉「明日○○社に朝10時から打ち合わせだけど?」「全然オッケーです」

↓「明日朝10時に○○社への打ち合わせだけど?」「まったく問題ありません」

【ステップアップ】

「いいっすよ」はこの場合「はい」とはっきり返事するようにしましょう。「何時から?」は「何時からでしょう?」としましょう。「でしょう」を加えるだけで丁寧な印象になります。

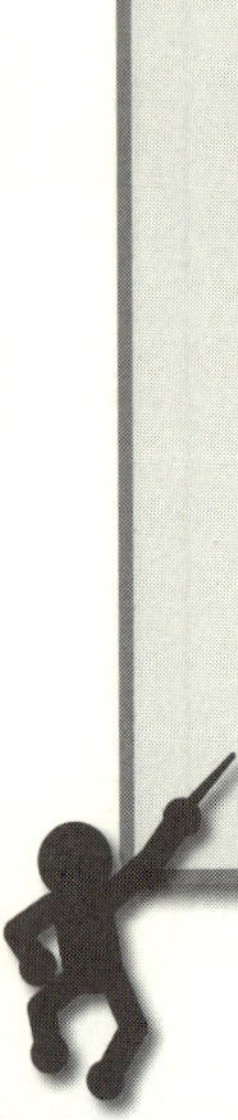

第2章
Q67

【問題】
次の会話の〰〰部分を敬語にしてください。

さっきも言いましたけど

〈上司から結果を問合せされて〉

B：あの案件は、○案にしたんだっけ？

A：Aさんが○案で決めたんですよ。忘れちゃったんですか？

B：何で○案を採用したんだ？

A：さっきも言いましたけど、○案は△案より見積もりが安いんですって。

答えはコチラ

答え

解説 A67

先ほど申し上げましたが、○案は△案より見積もりが安いそうです。

解説

「さっきも言ったのに」と思っても、口に出さないようにして、冷静に、丁寧に対応するようにしましょう。また、「繰り返しになりますが」と言ってしまうこともあるかもしれないですが、再確認させていただく、という意味であれば使ってもかまいません。

〈例〉さっきも言いましたけど、取引先が言ってきたので変更したんですよ。
→先ほど申し上げましたが、取引先のご都合でやむを得ず変更いたしました。

【ステップアップ】
「決めたんですよ」は「ご決定なさいました」でしょう。また、「忘れちゃったんですか？」などと、相手を責めるような言い方は決して使ってはいけません。

第2章

Q68

【問題】
次の会話の
〜〜部分を敬語に
してください。

1万円貸して

〈先輩のBとの会話〉

A：恥ずかしいお願いなんですが。
B：おお。どうした？
A：1万円貸して。絶対返しますから。
B：……わかった。理由は聞かないぞ。

答えはコチラ

答え

解説 **A68**

1万円ほどご用立ていただけないでしょうか？

解説 お金を借りる側なので、あくまでも相手に対し平身低頭で。ストレートに「お金」や「貸して」といった言葉を使わず、金額以外はちょっと遠回しな言い方のほうがいいようです。「ご用立て」のほかに「ご融通していただけないでしょうか」も○。たとえ覚えても、あまり使いたくない言葉ですが……。

〈例〉ごめん、1万貸してほしいんだけど？
→恐れ入りますが、1万円ほどご用立ていただけないでしょうか？

【ステップアップ】
「絶対返しますから」は当たり前のことをあいまいに言っています。お金を借りる時は必ず、いつ返すつもりかをはっきりと約束すべきです。それが出来ない借金は絶対にしてはいけません。

第2章

Q69

【問題】
次の会話の〜〜部分を敬語にしてください。

アリです

〈取引先から至急送品してほしいとき〉

A：ギリで5時までに納品しなきゃいけないんで、倉庫からバイク便で送ってくれますか？

B：ここからバイク便でお送りしますとコストが相当かかるので、倉庫の○○が直接御社にお持ちするのではいかがでしょうか。

A：それもアリですね。お手数です。

答えはコチラ

答え

解説 A69

それでもよろしいかと存じます。

解説　「アリですね」は、別の方法を提示されて「それも可能ですね」と同意することですから、「それでもよろしいかと存じます」などというのが丁寧です。相手がより良い方法を提案しているのですから、それに対する謝意も込めることを忘れずに。

〈例〉すいません、日程が急遽変更になったんですけど、明日納品ってアリですか？

↓申し訳ありません、日程が急遽変更になったのですが、明日納品は可能でしょうか？

【ステップアップ】
「ギリで5時までに」は「5時厳守で」、「送ってくれますか？」は、「送っていただけますか？」、「お手数です」は「お手数をおかけして申し訳ありません」。

第2章

Q70

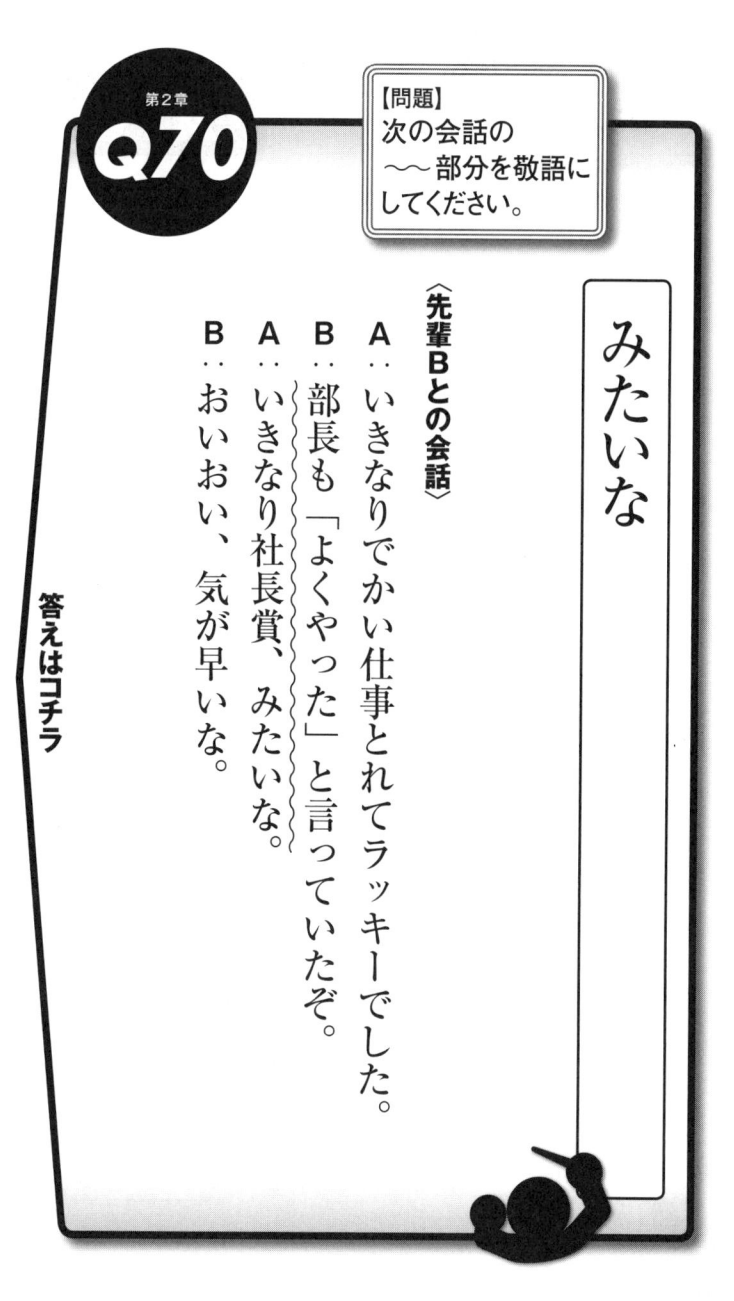

【問題】
次の会話の
〜〜〜部分を敬語に
してください。

みたいな

〈先輩Bとの会話〉

A：いきなりでかい仕事とれてラッキーでした。

B：部長も「よくやった」と言っていたぞ。

A：いきなり社長賞、みたいな。

B：おいおい、気が早いな。

答えはコチラ

答え

解説 **A70**

いきなり社長賞、などということはないでしょうか。

解説 語尾で使われる「〜みたいな」。「学歴なくても金持ちになれるんじゃないですか、みたいな」というような、疑問を表しているのか、何かを形容しているのかが曖昧な言葉です。基本的には、必要のない言葉なので使わなければいいのですが、どうしても文末につけたいならこの場合は、「〜などということはないでしょうか」がぎりぎりでしょう。上司に対しては不必要な言葉ですね。

〈例〉俺って営業の天才じゃん、みたいな。
→私は営業の分野ではいくらかお役に立てられるのではないかと自負しております。

【ステップアップ】
「でかい仕事」ではなく「大きな取引」などとしましょう。「ラッキーでした」も「運に恵まれていました」くらいにしましょう。

第2章

Q71

【問題】
次の会話の〜〜〜部分を敬語にしてください。

あざーっす

〈上司から食事に誘われて〉

B：腹減ったな。ご飯を食べに行くか。

A：行ってもいいですけど。

B：たまには<u>おごってやるよ</u>。

A：あざーっす。ゴチになります。

答えはコチラ

答え

解説 A71

ありがとうございます。

解説 さすがにこの言い方はオフィシャルじゃないでしょう……と思われる人も多いと思いますが、体育会系のノリで言ってしまうこともあるので要注意です。「ちーっす」にしても「こんにちは」としましょう。社会人になったら、ハッキリとした言葉遣い、丁寧《ていねい》な挨拶は大事です。

〈例〉おごってくれるんですか？　あざーっす。ゴチになります。
→よろしいんですか？　ではお言葉に甘えてごちそうになります。ありがとうございます。

【ステップアップ】

「行ってもいいですけど」は「喜んでご一緒させていただきます」などとしましょう。

「ゴチになります」ではなく、「お言葉に甘えてごちそうになります」。

第2章

Q72

【問題】
次の会話の〜〜部分を敬語にしてください。

ありえないんですけど

〈上司の人事異動を告げられて〉

A：課長、元気ないですね。どうしたんですか？

B：経理部に異動だって言われたんだよ。やりかけのプロジェクト、君に責任者になってもらうしかないな。

A：マジ、ありえないんですけど！

答えはコチラ

答え

解説 **A72**

私には無理かと思いますが……。

解説 「ありえない」「ありえなくない？」など、もはや普段使いの言葉として定着しつつあるのが「ありえない」という言い方。これも、そのまま使うと「これだから平成生まれは……」とか、「20歳越えてその言い方は……」と、上の人に冷たい目で見られてしまうかもしれません。せめて「驚きました」「意外ですね」ぐらいに言い換えましょう。

〈例〉来週から地方勤務だって？　マジありえないんだけど。
→来週から地方勤務を命ぜられて、大変驚いています。

【ステップアップ】
「どうしたんですか」は「何か心配事がおありですか」としましょう。また、同僚や上司が異動となったときは、本人が一番驚きやショックを感じているはずですから、ねぎらいやいたわりの気持ちを込めることを忘れずに。基本的にはすべての異動を昇進ととらえて、「おめでとうございます」という気持ちで接しましょう。

第2章

Q73

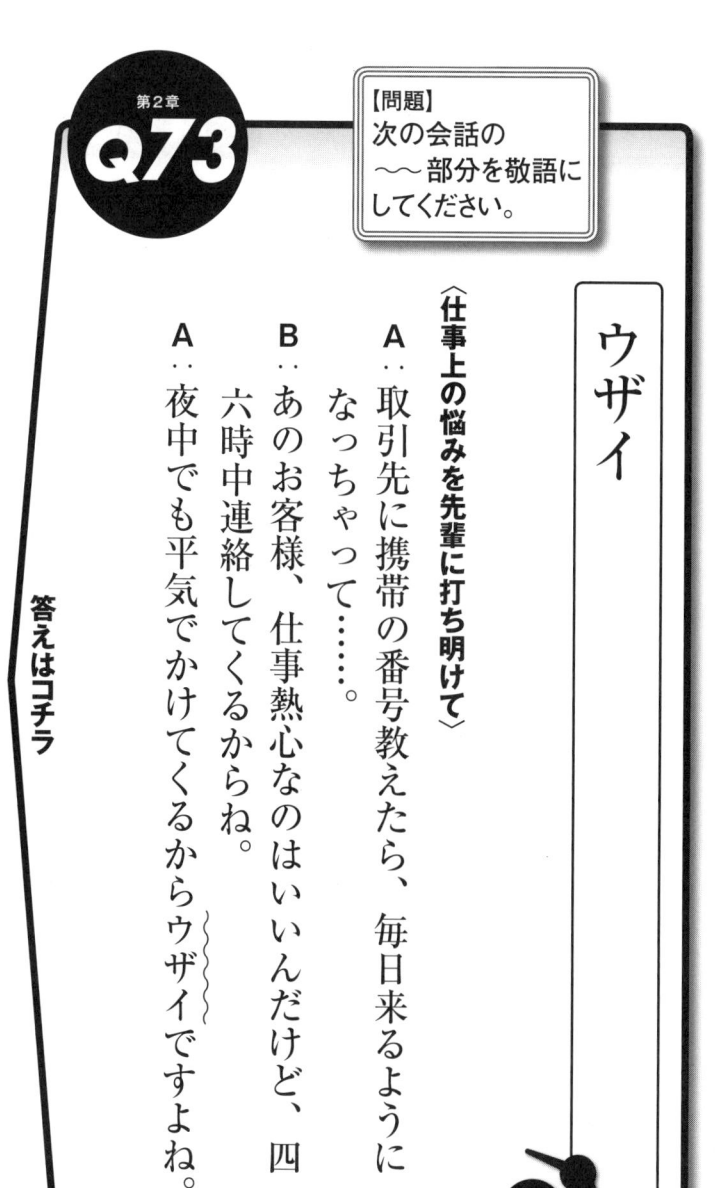

【問題】
次の会話の〜〜〜部分を敬語にしてください。

ウザイ

〈仕事上の悩みを先輩に打ち明けて〉

A：取引先に携帯の番号教えたら、毎日来るようになっちゃって……。

B：あのお客様、仕事熱心なのはいいんだけど、四六時中連絡してくるからね。

A：夜中でも平気でかけてくるからウザイですよね。

答えはコチラ

答え

解説 A73

少々手こずっております。

解説 煩わしい、と感じたときに口にしてしまう「ウザイ」という言葉ですが、社会人としては安易に口にしてはいけない言葉です。できれば冒頭に「大変申し上げにくいのですが」「私のいたらなさが原因なのですが」といった言葉をつけ、「相手は悪くないのだが（悪いのだけど）、自分が煩わしく感じてしまう」という気持ちを伝えましょう。

〈例〉あのクライアント、いつも文句言っているからウザイんですよ。
→あのクライアントは、私の至らなさが原因でもあるのですが、上手に対応できなくて困っております。

【ステップアップ】
陰口を言うのはよくありませんが、仕事上のトラブルを自分で抱え込むことで、問題がさらにこじれる場合もあるので、信頼のおける先輩、上司に相談する姿勢は重要です。

Q74

【問題】
次の会話の〜〜部分を敬語にしてください。

キモイ

〈先輩Bとの会話〉

A：昨日、忘年会の三次会まで課長がついてきたんですよ。

B：朝までコースだったんだ？

A：カラオケまでついてきて、アニメの主題歌振り付けしながら歌うんですよ。キモイですよね。

答えはコチラ

解説 **A74**

答え

面白いですよね。

解説 これも、「キモイ」という言葉自体が悪口となるので、できるだけ口にしないように心がけないと、目上の人につい使ってしまったら確実にマイナスとなります。人の趣味をけなすこともよくありません。ここでは「ユニークですよね」「面白いですよね」などと言い換えましょう。

〈例〉課長ってフィギュア好きなんだって……キモイんだけど。
→課長の趣味はフィギュア作りだそうですね。ユニークだと思います。

【ステップアップ】
Q73、74の「ウザイ」「キモイ」は、それほど悪意がこもっていない場合でも、口癖のようにしゃべってしまう傾向が見受けられます。自分の「辞書」から取り除いてしまいたい言葉ですね。

第2章

Q75

【問題】
次の会話の〰〰部分を敬語にしてください。

逆に言えば

〈B課長と企画に関しての話〉

B：この企画についてどう思う？

A：20年くらい前にイケてたものですよね。いいんじゃないですか？

B：今でも受けるかな？

A：30代以上には受けるんじゃないですか。逆に言えば、20代以下には受けないでしょうね。

答えはコチラ

答え

解説 A75

ですので

解説 Q46の「てゆうか」同様、「逆に」……と言いながら、ただ表現を裏返しにしているだけで、結局は同じことを言っているだけに過ぎないのが、最近の「逆に言えば」というフレーズです。言っている自覚がないまま口癖になっている人も多いようです。

「逆に～」「てゆうか」など、要は自分が発言したい時に思わず口に出る言葉なので、この場合は「ですので」「なので」などとつなげるか、端的に「30代以上に受けるでしょう」と答えるのが良いでしょう。

〈例〉この新しいゲームは子供向けですが、逆に言えば、大人にはちょっと物足りないかもしれません。

→この新しいゲームは子供向けなので、大人には少々物足りない内容かもしれません。

【ステップアップ】

「イケてた」は「はやった」「人気があった」でしょう。「いいんじゃないですか」はここでは「素晴らしい（発想）ですね」などとしましょう。

第2章

Q76

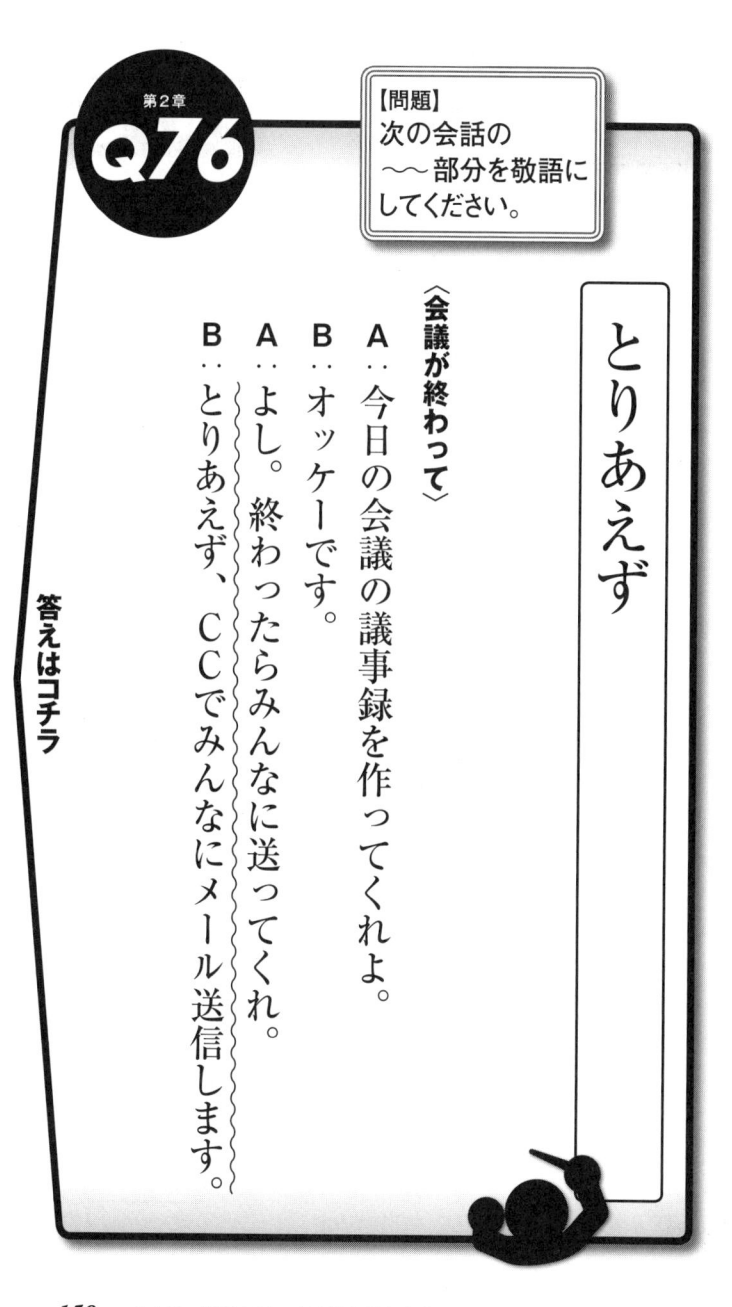

【問題】
次の会話の
〜〜部分を敬語にしてください。

とりあえず

〈会議が終わって〉

A：今日の会議の議事録を作ってくれよ。

B：オッケーです。

A：よし。終わったらみんなに送ってくれ。

B：とりあえず、CCでみんなにメール送信します。

答えはコチラ

答え

解説 A76

念のためにＣＣで全員にメール送信します。

解説

長い話を要約したいとき、または人の話を遮るとき、反対に、お互い会話が詰まってしまった際に思わず言ってしまうのが「とりあえず」。オフィシャルな場での「とりあえず」は、その場限りの雑な印象を受けるので「念のため」に言いかえましょう。聞かされた相手にとっても、真面目な印象につながります。

〈例〉とりあえず、今日の打ち合わせの内容を文書にまとめてメール送信します。
→念のため、今日の打ち合わせの内容を文書にまとめます。

【ステップアップ】
「オッケーです」は「かしこまりました」にしましょう。「みんな」は「全員」です。

第2章

Q77

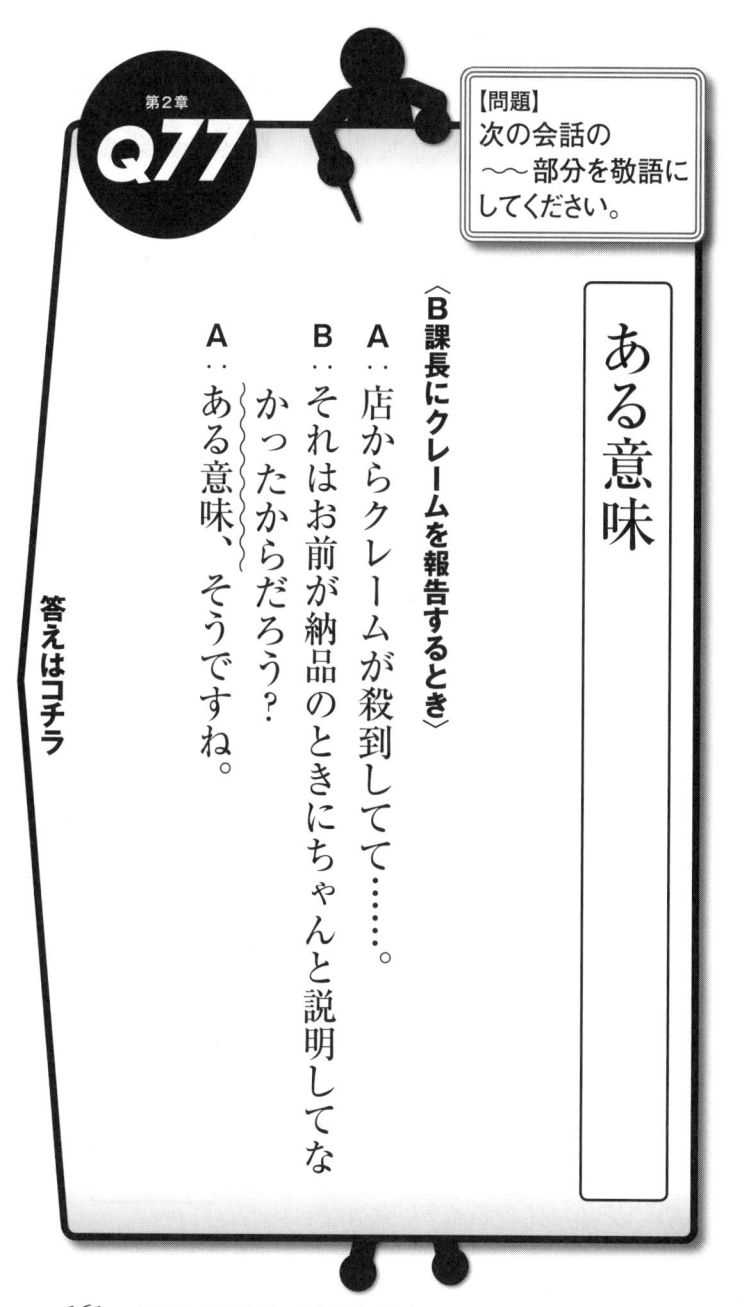

【問題】
次の会話の〜〜部分を敬語にしてください。

ある意味

〈B課長にクレームを報告するとき〉

A：店からクレームが殺到してて……。

B：それはお前が納品のときにちゃんと説明してなかったからだろう？

A：ある意味、そうですね。

答えはコチラ

解説 **A77**

答え

なるほど、そうですね。

解説 100%ではなく、10%程度はそうなのかも……といったとき「ある意味当たってるよね～」や「ある意味いいかもね」のような言い方をして、周りをイライラさせている人も多いのではないでしょうか。ここでは「なるほど」「やはり」などと返すのがいいでしょう。

〈例〉ある意味、こっちの役割分担がなってなかったから計画が失敗したんだと思います。
→やはり、こちらの役割分担がなされてなかったために計画が失敗したのだと思います。

【ステップアップ】
「殺到してて」は「殺到しておりまして」。「～してて」という言い方はかなりくだけた言い方なので注意しましょう。

第2章

Q78

【問題】
次の会話の
〜〜部分を敬語に
してください。

私って〜じゃないですか

〈以前担当していた得意先が取引を停止すると聞かされて〉

B：お前が以前担当していた○○社の取引、先方から取りやめにしたいって言われたんだ。

A：うそ！　理由は何ですか？

B：ここだけの話だけど、新しい担当の△△の対応が悪いからだって。○○社の社長、礼儀にうるさいからな。

A：私って、愛想がいいじゃないですか。ちょっとくらいのことなら許してもらっていたんですよね。

答えはコチラ

答え

解説 A78

よく「愛想がいい」と言われます。

解説 「私って人見知りじゃないですか」「私って隠れモテじゃないですか」など、自己アピールするフレーズが「私って〜じゃないですか」。周囲にいる人全員が自分の人となりを知っているわけではありません。「よく〜と言われます」などと、客観的な評価を述べるようにしましょう。

〈例〉私って、常識知らないじゃないですか。
→私は、「よく常識を知らない」とおしかりを受けます。

【ステップアップ】
「うそ!」などは口ぐせになっていることも多いようですが、相手の言うことを否定するような言い方は厳禁です。「本当ですか」などとしましょう。「ちょっとくらいのことなら許してもらっていたんですよね」は、「少々失礼があってもお許しいただいていました」などとしましょう。

Q79

【問題】
次の会話の〰〰部分を敬語にしてください。

自分的には

〈取引先に条件変更を求めるとき〉

A：この商品の仕入れ値、なんとかならない？

B：できるかぎりご要望には沿うようにします。いくらくらいがご希望でしょうか？

A：自分的には、2000円くらいにしてほしいんだけど。

B：もう2ケースお願いできれば、ご要望に沿ったお値段でご提供させていただきます。

答えはコチラ

答え

解説 A79

私としては

解説 自分の意見や要望を述べるときに、よく「自分的には」「私的には」などと「的」をつけてしまいますが、あまり意味のあるフレーズではありません。自分の立場を明確にするためにも、「私としては」などと、しっかりと自分の意思を伝える心がけをしましょう。

〈例〉この企画、私的には中止でも実行でもどっちでもいいや、みたいな。
→この企画に関して、私としては中止か実行かは課長のご判断に委ねたいと思います。

【ステップアップ】
「なんとかならない」は「もうすこしご相談できませんか」などとしましょう。また、値引き等取引条件の変更をお願いする時は、高圧的な態度を取らず、誠意ある対応を心がければ、有利な条件を引き出せる可能性が高まります。

「クッション言葉」を使いこなしましょう

自分では悪意を持っていたわけではないのに、つい相手にマイナスの言葉を投げかけてしまったり、口を滑らしたりしてしまったら、まずは「失礼致しました」とひと言お詫びをしましょう。また、かねてから「クッション言葉」を使いこなしていれば、「とっさの失言」を防ぐことができるかもしれません。

「クッション言葉」とは、「申し訳ありませんが…」「恐れ入りますが…」「失礼致しますが…」「せっかくですが…」「お言葉を返すようで恐縮ですが…」「もしよろしければ…」など無数にあります。

日頃から感性を磨いて、心のこもった言葉のボキャブラリーを増やしておいてはいかがでしょう。

第3章　敬語のつもりが……間違い探し

この章では、仕上げとして、会話の中から誤った敬語表現などを見つけましょう。

Q80~95は、社内での会話です。社内の会話は同じ目的に向かって力を併せてゆく協同作業と円滑な人間関係を築くため、と考えてもよいでしょう。従ってあまり馬鹿丁寧な言葉を使っていては、効率的ではありません。基本的には「です」「ます」調で良いと思います。言葉遣いにとらわれ過ぎてしまうと、もっと大切なものを見落としてしまうかもしれません。正解は一つではありませんし、敬語はテキスト通りにやたらと丁寧に使えばいい、というものでもありません。

Q96~106は、電話での会話です。電話は顔の表情、動作などが見えません。声と話し方だけのコミュニケーションです。明るい声で普通の会話よりもう一段丁寧な言葉遣いを心がけましょう。又、話は伝わる段階で要点がずれてしまう事もあります。電話に出るときは必ずメモの用意をしてください。

第3章

Q80

【問題】
次の会話から間違った敬語を3つ出してください

〈B部長に質問したいとき〉

A：部長、○○のことで聞きたいことがあるんですが……。

B：どんな内内容なんだ？

A：契約書の件なんですけど、10分いいですか？

答えはコチラ

答え

解説 A80

1× ○○のこと→○○の件

2× 聞きたいことがあるんですが……→お聞きしたい事があるのですが……

3× 10分いいですか?→10分ほどお時間をいただけますでしょうか?

〈解答例〉

部長、○○の件でお聞きしたい事があるのですが……。10分ほどお時間をいただけますでしょうか?

解説 1つい「○○のこと」、とか「○○」で、という言い方をしてしまいがちですが、仕事の案件であれば「○○の件」という言い方に。2教えてもらう立場なので、「聞きたい」ではなく「お聞きしたい」に。3上司に貴重な時間をさいてもらうので、「お時間をいただけますか?」にしましょう。電話でも同じです。「今、○○の件でお話してもよろしいでしょうか?」等、先方の都合をききましょう。

第3章

Q81

【問題】
次の会話から間違った敬語を2つ出してください

〈上の人に呼ばれたが、すぐに行けないとき〉

B：○○君。

A：はい。

B：今いいかな。

A：ちょっと待ってください。急ぎのメールがあるので……お待たせしました。なんでしょう？

B：明日までにこのレポートを作成してほしいんだけど。

A：今は無理です。来週であれば取りかかれます。

答えはコチラ

答え

解説 **A81**

1× ちょっと待ってください↓申し訳ありません
2× 今は無理です↓今、別件をかかえているので

〈解答例〉
申し訳ありません。急ぎのメールを送信したのち、すぐに伺います。今、別件で急ぎの業務をかかえているので、来週以降に取りかからせていただけますでしょうか？

解説 1・2　上の人から呼ばれた際、他のことでいそがしくても、「ちょっと待って」や「今は無理」というのは×。すぐにできないことを謝った上で、今何をしていて、どれぐらいでその仕事が済んで上の人のところに行けるのかをきちんと伝えましょう。改めて行く際は「遅くなりましてすみません」の一言を。又、○○クン、と呼ばれた時点ですぐに「はい！」の返事をしてください。

第3章

Q82

【問題】
次の会話から間違った敬語を2つ出してください

〈上司の話している内容がよくわからないとき〉

A：こんなレポートの書き方でいいと思ったのか？

B：言っている意味がよくわからないのですが……。

A：レポートになってない、ってことだよ。

B：ああ、つまり、やり直せってことですか？

答えはコチラ

答え

解説 **A82**

1× 意味がよくわからない→問題がありましたでしょうか?
2× つまり

〈解答例〉
申し訳ありません。レポートに不備がありましたでしょうか?
やり直したほうがよろしいでしょうか?

解説

1上司の話の内容がまとまっていなくても、すべてを「わからない」で切り捨てては×。わかった部分とわからない部分をはっきりさせるためにも、「○○ということでよろしいでしょうか?」と具体的に聞きましょう。2「つまり」は、相手の話がはっきりしないのでまとめましたよ、という意味にとられかねません。上司に対して失礼になってしまうので気をつけましょう。

接客マナーでは「わかりません」はタブーです。しかし社内業務の場合はミスを未然に防ぐ意味でも、わからない事は「わからない」と伝えるべきだと思います。ただし、指示をした上司のせいではなく、自分の理解力不足という立場で伝えるようにしましょう。

第3章

Q83

【問題】
次の会話から
間違った敬語を
2つ出してください

〈頼まれた仕事について聞かれたとき〉

A：あの企画文書、作ってくれた？

B：今やってますが……。

A：いつまでに終わる？

B：明日くらいだと思います。

答えはコチラ

解説 A83

答え

1× 今やってますが……→現在○○にとりかかっています

2× ～くらいだと思います→～する予定です

〈解答例〉

現在○○の部分をとりかかっています。
明日午後には完成する予定です。

解説

「今やっているけど何?」と思うかもしれませんが、上の人は、あなたに任せてどれだけ進んでいるのか、何か問題はないかと、気になって聞いているもの。それなのに「今やってます」では何の答えにもなっていません。具体的に「○○の段階まで進んでいます」などと進捗状況を報告しましょう。また、「～くらいだと思います」というあいまいな返事もよくありません。途中経過の状況と、いつまでに終わりそうなのかをきちんと伝えるようにしましょう。

第3章

Q84

【問題】
次の会話から
間違った敬語を
3つ出してください

〈上司からいきなり仕事を任されたとき〉

B：C課長から聞いたと思うが、いま、君がやっているプロジェクトを○○君に引き継いでほしいんだ。

A：それ、聞いていないんですが……。

B：君には新しい企画を担当してもらいたいんだ。

A：私的には、どっちでもいいんですけど。

答えはコチラ

答え

解説 A84

1× それ、聞いてない→はい、そうですか。今初めてお聞きしますが…。

2× 私的には→私としては

3× どっちでもいいんですけど→A部長のおっしゃるとおりに致します。

〈解答例〉

部長、○○の件でお聞きしたい事があるのですが……。10分ほどお時間をいただけますでしょうか？

解説

C課長から何も聞いていないとしても、それをはっきり強調しないように心がけましょう。ただし、この場合、○○君への引き継ぎの件があるので、さりげなく〝今初めて聞いた〟ということを伝えておいた方が良いでしょう。上記の状況は確かにショックな出来事でしょうが、仕事の中では時折そういう理不尽な場面もある、ということを覚悟しておきましょう。

上司の指示に対して「聞いていない」と答えるのは失礼。仕事の場の我がままは許されません。予定外の仕事が入った場合でも、上司の指示は最後まで聞き、できるかできないか自分の判断を伝えて、その上で改めて上司の指示を受けましょう。

第3章

Q85

【問題】
次の会話から間違った敬語を2つ出してください

〈仕事でのミスを指摘されたとき〉

B：発送した商品数に間違いがあったぞ。

A：あっ、すみません。つい忙しくてバタバタしていたので……。○○君に任せていたんですけど。

B：言い訳はいいから倉庫にすぐ連絡してくれ。

答えはコチラ

答え

解説 A85

×1　あっ、すみません→申し訳ありませんでした。

×2　つい忙しくてバタバタしていたので……

→すぐに数を確認して、発送致します。以後気をつけます。

〈解答例〉

（注意が行き届かず、）申し訳ありませんでした。

充分確認せず、申し訳ありませんでした。これから気をつけます。

解説

1「すみません」は簡略化したおわびの言葉です。職場で謝罪の気持ちを伝える際は「申し訳ありません」を使うようにしましょう。2間違いを指摘された際、真っ先に言い訳をするのは×。まずは自分のミスを謝ること。言い訳をするのは、上の人から理由を聞かれたときのみです。長い職業生活の中ではミスは必ずといっていいほど、誰にでもある事です。問題はその後の処置です。言い訳はなし。お詫びもその場では程々にして、すぐに前向きの処理に立ち向かいましょう。心からのお詫びは一段落してからでも大丈夫です。特にお詫びの場合、言葉だけ丁寧でも心がこもっていなければかえって失礼です。とっさのお詫びは敬語を忘れてもかまいません。あなた自身の誠意のこもった言葉で伝えましょう。先方にお詫びの電話をすることももちろんです。

第3章

Q86

【問題】
次の会話から
間違った敬語を
3つ出してください

〈頼まれた仕事が終わったとき〉

A：言われてました○○の仕事、いま終わりましたが……。

B：ずいぶん時間がかかったな。

A：他の仕事と重なっていたんですよ。

B：まあ、とにかくお疲れさま。

答えはコチラ

答え

解説 A86

1× 言われてました→ご指示いただいた

2× いま→ただいま

3× 終わりましたが…→終わりました。

〈解答例〉

ご指示いただいた○○の仕事ですが、(ただいま)終わりました。遅くなってしまい申し訳ありませんでした。

解説 1上の人から言われた仕事ですが、「言われてました」に変えてもおかしいので、「ご指示いただいた」にしましょう。3仕事の遅れを釈明するにもまずは「申し訳ありません」とつけましょう。同時にいくつかの仕事をこなさなければならない事も多々あります。一度引き受けた仕事であれば「他の仕事と重なっていた」と言い訳はできません。

第3章

Q87

【問題】
次の会話から間違った敬語を3つ出してください

〈打ち合わせなどで外出するとき〉

A：○○社へ打ち合わせに行ってきます。

B：何時に戻ってくる？

A：戻ってくるのは4時ぐらいかと思います。

B：4時半には僕が外出しちゃうから、遅れるときは連絡してくれ。

答えはコチラ

答え

解説 **A87**

1× 行ってきます↓行って参ります
2× 戻ってくるのは↓戻りは
3× 4時ぐらいかと↓4時頃の予定です

〈解答例〉
○○社へ打ち合わせに行って参ります。
戻りは4時頃の予定です。

解説 1行ってきますよりも、行って参りますのほうが丁寧で好印象です。2「戻ってくるのは」も話口調。「～ってくる」「～っていて」といった言葉は極力避けましょう。3戻りの時間は、聞かれる前に伝える方がいいでしょう。また、社に残っている人があなた宛の電話を受ける場合もあります。目的地、用件、戻りの時間は明確に伝えましょう。予定時刻より遅れる場合もすぐ連絡をしましょう。

第3章

Q88

【問題】
次の会話から
間違った敬語を
3つ出してください

〈先方から断られたことを上司に報告するとき〉

A：○○の話ですが、先方からNGでちゃったんですけど……。

B：理由は何だ？

A：予算面で厳しいと言われちゃいました。

答えはコチラ

答え

解説 **A88**

1× ○○の話→○○の件
2× NGでちゃった→断られてしまいました
3× ～と言われちゃいました→とのことでした

〈解答例〉
○○の件ですが、残念ながら、今回は先方のご承諾を得ることができませんでした。予算面での折り合いがつかなかったとのことでした。

解説 2話し言葉などでは「NGだって」と言うこともありますが、職場では軽すぎます。「お断りの返事がきました」、というように、先方がこちらの希望を受けてもらえなかった旨を、どんなに言いにくいことでも、なるべく早く、きちんと伝えましょう。報告相手が身近な先輩、上司であれば「○○の話だめでした」ぐらいでもかまいません。

第3章

Q89

【問題】
次の会話から
間違った敬語を
2つ出してください

〈大きな仕事を任されたとき〉

B：このプロジェクトを担当してほしいんだが。

A：私でいいんですか？

B：君が一番適していると思うから、しっかり頼むぞ。

A：私では役不足ですが、精一杯頑張ります！

答えはコチラ

答え

解説 **A89**

1× 私でいいんですか→私でよろしければお引き受けします。
2× 役不足→未熟者

〈解答例〉
かしこまりました。私でよろしければお引き受けします。（未熟者ですが、）精一杯頑張ります！　よろしくご指導お願い致します。

解説
「私でいいんですか？」と聞くのは、上司の判断を疑うような表現なので、ここは「私でよろしければお引き受けします」とはっきり意思表示をすること。
「役不足」の意味は、その人の力量に比べて、役目が軽すぎることです。間違って使いやすい言葉なので気をつけましょう。
もし、自分が大きな仕事を一人でできるか心配なときは、「未熟者」、自信がないときは「力不足」などを使いましょう。

第3章

Q90

【問題】
次の会話から
間違った敬語を
1つ出してください

〈先方の会社の受付で〉

A：××会社の○○ですが、▲▲部長との打ち合わせに来たんですが……。

B：▲▲に連絡しますので、こちらで少々お待ちください。

答えはコチラ

答え

解説 **A90**

1× 打ち合わせに来た→お目にかかりたい

〈解答例〉

××会社の○○ですが、▲▲部長にお目にかかりたいのですが……。

××会社の○○ですが、▲▲部長に○時からご面会のお約束をいただいております。

解説 あなたが他の会社に行く場合、あなたは自分の会社の顔と同じです。たとえ打ち合わせが目的だとしても、受付では「お目にかかりたい」「お取り次ぎをお願いします」という言葉を使いましょう。「お約束ですか?」と聞かれた際に「○時にアポをとってあります」というのも×。○時にお約束をいただいております、がいいでしょう。受付けでこちらの名刺を出して名前を名乗ると、受付けの人も△△部長にはっきりと来訪者の社名、名前などを伝えられて便利です。

第3章

Q91

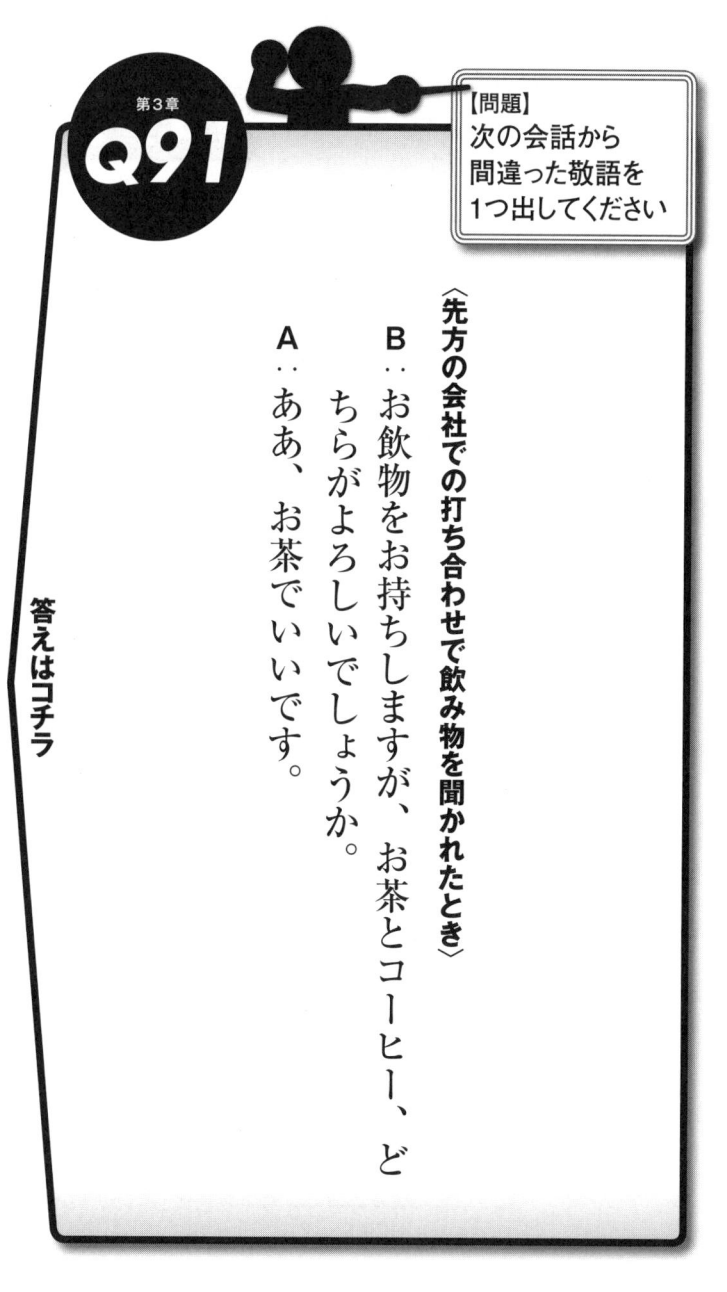

【問題】
次の会話から
間違った敬語を
1つ出してください

〈先方の会社での打ち合わせで飲み物を聞かれたとき〉

B：お飲物をお持ちしますが、お茶とコーヒー、どちらがよろしいでしょうか。

A：ああ、お茶でいいです。

答えはコチラ

答え

解説 A91

×　でいいです→をお願い致します

〈解答例〉

恐れ入ります。お茶をお願い致します。

どうぞお気遣いなく。ありがとうございます。

解説

「○○でいいです」という言い方を普段からよく使う人も多いですが、まるで、「ほかのものは嫌だから、仕方ないけれどそれにする」というニュアンスも含まれます。~でいいよ、という言い方は、オフィシャルでもプライベートでも、相手を不快にさせる言葉なので、使わないようにしましょう。

第3章

Q92

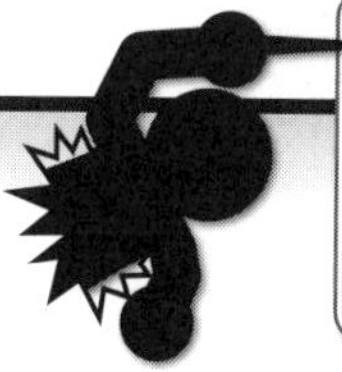

【問題】
次の会話から間違った敬語を3つ出してください

〈先方の意見を聞きたいとき〉

B：企画内容は了解しました。

A：いかがでしょうか。率直に、そちら側の思ったことも教えてもらいたいのですが。

B：個人的には面白そうですが、会議に諮ってみてみないと何とも言えませんね。

答えはコチラ

答え

解説 A92

×1 そちら側→そちら様

×2 思ったこと→お考え

×3 教えてもらいたい→うかがいたい

〈解答例〉

そちら様のお考えをうかがいたいのですが。

そちら様のご意見もお聞きしたいのですが。

解説 先方に対して「そちら側」というのは、対等な関係に聞こえて失礼です。「様」をつけましょう。会社全体としての判断であれば「御社」もあり得ます。2・3思ったことを教えて、というのは、友達ならよくてもオフィシャルな場ではありえません。「お考え」「うかがいたい」という言葉はよく使う言葉なので、この機会にしっかり覚えましょう。

第3章

Q93

【問題】
次の会話から
間違った敬語を
3つ出してください

〈説明を追加したいとき〉

A：説明は以上です。

B：わかりました。週明けには検討結果をお知らせします。

A：あと、言い忘れてましたが、詳しい内容はこのパンフレットに書いてありますので、どうぞ読んでください。

答えはコチラ

答え

解説 A93

×1 言い忘れて↓申し遅れ
×2 書いてあります↓掲載しております
×3 読んでください↓ご覧ください

〈解答例〉

申し遅れましたが、詳しい内容はこのパンフレットに掲載しておりますので、併せてご覧ください。

解説 1「言い忘れた」「言いそびれた」という言い方はマイナスイメージに。こちらの発言のときには、「言う」は「申す」で統一するようにしましょう。2・3書いてあります・読んでくださいは、身内での会話のみ。パンフレットなど冊子は「掲載しております」で。読んでもらいたい場合は「ご参照ください」もいいでしょう。

第3章

Q94

【問題】
次の会話から
間違った敬語を
3つ出してください

〈名刺交換のときに、相手の名前が読めないとき〉

B：○○と申します。よろしくお願いします。

A：……すみません、下のお名前は何て読むんですか？

答えはコチラ

答え

解説 A94

×1　すみません→失礼ですが
×2　下のお名前→お名前
×3　何て読むんですか?→どのようにお読みすればよろしいでしょうか?

〈解答例〉
失礼ですが、お名前はどのようにお読みすればよろしいでしょうか?
恐れ入ります。山田何様とお読みするのでしょうか?

解説　珍しい名字の人はもちろんですが、中には「なかじまさん」と「なかしまさん」、「たけうちさん」と「たけのうちさん」など、よく聞く名字でも読み方が違う場合も。間違ったまま呼ばれ続けると先方は不快になります。読めない場合はその場で確認しましょう。

第3章

Q95

【問題】
次の会話から
間違った敬語を
2つ出してください

〈先方の会社で、うっかり自分の携帯が鳴り始めたとき〉

B：どなたかの携帯鳴ってませんか？

A：あ、すみません。たいした連絡じゃないから大丈夫です。お気遣いなく。

答えはコチラ

答え

解説 **A95**

×1　あ、すみません→失礼致しました
×2　たいした連絡じゃないから大丈夫です→（前もって電源を切る）

〈解答例〉

（スイッチを切ってから）「お話をおうかがいしていたところでしたのに、失礼致しました」

（事前に大切な電話がかかることがわかっている場合、前もって）「大変申し訳ありませんが、どうしても急ぎで対応しなければならない件があり、1本だけ途中で電話がかかると思いますが、よろしいでしょうか？

解説 この場合両方とも×。言ったらダメな言葉です。まず、先方の会社に打ち合わせに行く際は、会社に着く前に携帯の電源を切っておくこと。しかし、どうしても急な連絡が入る場合などは、バイブ機能にしておくのがいいでしょう。もし、打ち合わせ中にどうしても出る場合は「申し訳ありません。急用のため出てもよろしいでしょうか」と相手の承諾をいただきましょう。

第3章

Q96

【問題】
次の会話から間違った敬語を3つ出してください

〈約束の時間に遅れそうなとき〉

A：ごめんなさい。今日の打ち合わせなんですが、電車がとまって15分ほど遅れそうです。大丈夫でしょうか？

B：こちらは大丈夫ですから、あわてずにお越しください。

答えはコチラ

答え

解説 A96

×1　ごめんなさい→申し訳ありません
×2　今日の打ち合わせ→本日のお約束
×3　大丈夫でしょうか？→お待ちいただいてもよろしいでしょうか？

〈解答例〉

申し訳ありません。本日のお約束ですが、15分ほど遅れそうなんです。現在駅におりますが、電車がとまってしまいまして。お待ちいただいてもよろしいでしょうか？

申し訳ありません。電車の復旧が遅れているようで、1時間ほど遅れそうなんです。本日のお約束は改めさせていただいたほうがよろしいでしょうか？

解説　先方との約束に行こうとしたらトラブルに巻き込まれることもあります。このようなときでも、冷静に謝罪・状況・見込みを伝えましょう。3「大丈夫でしょうか？」という聞き方は、曖昧な印象を与えます。「お待ちしていただいても……」という話し方にしましょう。

第3章

Q97

【問題】
次の会話から
間違った敬語を
2つ出してください

〈先方からの提案に対して即答を避けたいとき〉

B：今日中にお返事をいただきたいのですが。

A：私だけでは決められないので、上司と相談させてください。

答えはコチラ

答え

解説 **A97**

×1 決められないので→決めかねます
×2 上司と相談させてください→社に持ち帰らせてください

〈解答例〉
申し訳ありません。私の一存では決めかねます。この件は一度社に持ち帰らせてください。社内でよく検討いたしますので、もう少しお時間をいただけますか?

解説 1「私だけでは決められない」と言ってしまうと、相手は「じゃぁ決められる人を寄越せ」と思うでしょう。その場で決定権がない人が来ても時間のムダだと思われます。「私の一存では」という言葉はこういうときに便利です。2上司と相談するのは当然ですが、他社にいるときは「社に持ち帰らせて」を使いましょう。

第3章

Q98

【問題】
次の会話から
間違った敬語を
2つ出してください

〈先方にミスがあったとき〉

A：不良品が納品されたみたいなんだけど、どうなってるんですか？

B：申し訳ありません。至急確認致します。

答えはコチラ

答え

解説 A98

×1　不良品が↓いつもとは違う品質のものが

×2　どうなってるんですか？↓至急お調べいただけますか？

〈解答例〉

いつもとは違う品質のものが混入しているようなのですが、至急お調べいただけますか？

解説　1先方も知らない、手違いなどの可能性もあります。いきなり責めたてるのではなく、まずは「希望通りの品質のものではない」ことを伝えましょう。2どうなってるんだといきなり言われても、相手は返す言葉がありません。まずは原因を究明してもらうためにも、「至急お調べいただけますか？」と聞くのがスムーズです。先方のミスが明らかなときほど冷静に、しかも暖かみのある対応を心がけましょう。

第3章

Q99

【問題】
次の会話から
間違った敬語を
3つ出してください

〈お客様から商品のクレームがあったとき〉

B：この前○○で買ったんだけど部品が割れていたんです。

A：不良品ですね。取り替えますので少々お待ちください。

答えはコチラ

答え

解説 A99

×1　不良品ですね→誠に申し訳ありません
×2　取り替えますので→お取り替えをさせていただきます

〈解答例〉
せっかくお買い上げいただいたのに、誠に申し訳ありません。
ご迷惑をお掛けして申し訳ありません。早速確認して、
取り替えさせていただきます。

解説　不良品をお客様が持って来た場合、まずは謝罪の気持ちを見せましょう。いきなり「ああ、不良品ですか」という対応をすると、「この会社、しょっちゅう不良品を売ってるのかも」というマイナスなイメージになります。クレームのときは、お客様の「不快感」を和らげた上で、「丁寧な対応をしてくれる会社」にイメージチェンジする努力をしましょう。クレームの対応はあなたの会社のファンを作るチャンスです。相手の身になって、誠意を持って対応しましょう。

取り替えるのはこちらの動作。〝お〟をつける必要はありません。ただし電話、手紙などの場合は話し手が動作者ですが、直接相手につながるので〝お〟をつけます。

第3章

Q100

【問題】
次の会話から
間違った敬語を
4つ出してください

〈社外の人からかかってきた電話に対して〉

B：□□商事の大竹と申しますが、○○さんいらっしゃいますか？

A：電話中ですが。

B：それでは△△さんは？

A：いま△△に代わりますのでちょっと待っていてください。

答えはコチラ

答え

解説 **A100**

1× 電話中ですが→○○はただいま別の電話に出ております
2× いま→ただいま
3× ちょっと→少々
4× 待っていてください→お待ちください

〈解答例〉

ただいま○○は別の電話に出ております。
あいにく○○は別の電話に出ております。
△△はおりますのでただいま代わります。少々お待ちくださいませ。

解説

2・3職場では、いま→ただいま、ちょっと→少々、どんな→どのような、あっち→あちらなど、ちょっとした言葉で丁寧な言葉が使えるかどうかの差が出ます。あわてているときなどはなおさら口から出てしまうので気をつけて。4「待っていてください」は「ください」をつけても丁寧な話し方というよりは命令調に感じられることもあります。「お待ちくださいませ」にしましょう。女性の場合は「お待ちくださいませ」も。

第3章

Q101

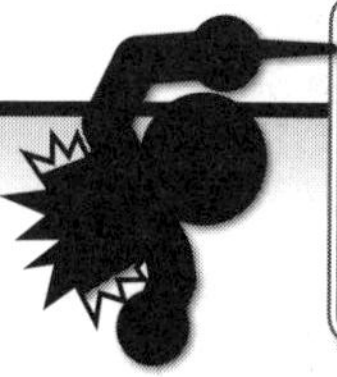

【問題】
次の会話から間違った敬語を4つ出してください

〈社外の人からかかってきた電話に対して〉

B：××社の△△ですが○○さんお願いします。

A：○○さんは席を外していらっしゃいます。

B：どれくらいで戻っていらっしゃいますか？

A：まもなく戻ってくると思うんですが……。

答えはコチラ

答え

解説 A101

1× ○○さんは→○○は
2× 外していらっしゃいます→外しております
3× 戻ってくる→戻ると
4× 思うんですが→存じます

〈解答例〉
あいにく○○は席を外しております。間もなく戻るかと存じます。

解説

1お客様や取引先など、社外の人と話す際、自分と同じ会社の人は、たとえ社長でも肩書きはなし。○○課長→○○は、という風に言い換えましょう。状況によって肩書きが必要な場合は「課長の○○は」「社長の○○は」といいます。2こちらも社外の人と話す際、上司の行動は謙譲語で。「外していらっしゃいます」ではなく「外しております」に。3・4「戻ってくる」「思うんですが」のどちらも、普段の会話でよく使ってしまいますが、つたない印象になってしまうことがあります。電話のときは特に気をつけましょう。

場合によっては「戻りましたらこちらからお電話差し上げましょうか?」とお聞きした方が良いでしょう。「では、お願いします」とか「いえ、これから会議に入りますので結構です」などの答えがあるでしょう。答えの如何に関わらず、○○さんには必ず電話があったことを伝えます。

第3章

Q102

【問題】
次の会話から
間違った敬語を
2つ出してください

〈社外の人からかかってきた電話に対して〉

B：××社の△△ですが○○さんいらっしゃいますか？

A：○○はいま外出しておりまして……。

B：何時頃戻られますか？

A：5時には戻って来ると思うんですが。

答えはコチラ

答え

解説 **A102**

1× いま外出しておりまして↓あいにく外出中で
2× 5時には戻って来ると思うんですが↓5時頃戻る予定です

〈解答例〉
申し訳ございません。○○はあいにく外出中で、5時頃戻る予定です。戻りましたらこちらからご連絡差し上げましょうか？

解説
1いま＝あいにく、ではないのですが、〝せっかく電話をかけてくださったのに、担当者がいなくて〝すみません〟という気持ちで、「あいにく」を使います。2こちらからかけなおすのか、相手がかけ直してくれるのかはわかりませんが、いつになったら担当者と話せるのかは大事。わかる範囲で時間を伝えましょう。

第3章

Q103

【問題】
次の会話から
間違った敬語を
5つ出してください

〈社外の人からかかってきた電話に対して〉

B：○○さんいらっしゃいますか？　私は××社の△△ですが。

A：えーっと、いま会議中だと思うんですが。

B：それでは伝言をお願いできますでしょうか？

A：はい。じゃあ伝言を○○が戻ってきたら伝えておきますね。

答えはコチラ

答え

解説 A103

1× えーっと、いま→あいにく○○は
2× じゃあ→それでは
3× 伝言→ご伝言
4× 戻ってきたら→戻り次第
5× 伝えておきますね→申し伝えます

〈解答例〉
あいにく○○は会議に入っておりますが。
かしこまりました。○○が戻り次第申し伝えます。

解説

1「えーっと、いま」は、はっきりしない無駄な言葉です。「今」ということはお互いにわかっているのですから、「あいにく」だけでその状態は伝わります。2「じゃあ」はくだけた印象になってしまいます。「それでは」と、はっきり相手の話を受けて先に進める言葉にしましょう。3相手の伝言ですから敬意を込めて「ご伝言」のほうがいいでしょう。ただし、敬語が重なるようでしたら「伝言」でもかまいません。4「戻ってきたら」は日常の言葉。職場では「戻り次第」、又は「戻りましたら」に。5「～しておきますね」は、かなり親しい間柄では良いでしょうがこの場合はなれなれしく聞こえて失礼です。きちんと「です・ます調」でしめましょう。

第3章

Q104

【問題】
次の会話から
間違った敬語を
3つ出してください

〈社外の人からかかってきた電話に対して〉

A：○○はただいま会議に入っております。

B：それではかけ直します。

A：いちおうお電話番号よろしいでしょうか？
○○が戻り次第、××様に電話を入れさせます。

答えはコチラ

答え

解説 **A104**

1× いちおう→念のため
2× よろしいでしょうか?→お聞かせ願えますか?
3× 電話を入れさせます→御連絡するよう申し伝えます

〈解答例〉
念のため、お電話番号をお伺いしてもよろしいでしょうか? ○○が戻り次第、××様に御連絡するよう申し伝えます。

解説
1「いちおう」や「とりあえず」などは軽々しい印象をあたえます。「念のため」にすると、しっかりした印象に。「念のため」と言うことはとても大切です。「客であるこちらの電話番号などわかっているはずだ」と不快に思われないためにも必ずつけ加えてください。会議に入っていた○○さんへのメモには忘れないように電話番号も書いておきましょう。2「よろしいでしょうか」を使う際は、「お電話番号を教えていただいて（お聞きして）よろしいでしょうか?」なら○。「お名前よろしいでしょうか?」「メールアドレスよろしいでしょうか?」は×。3「電話を入れる」はくだけた言葉遣いです。

第3章

Q105

【問題】
次の会話から間違った敬語を2つ出してください

〈社外の人からかかってきた電話に対して、社内の人がすでに帰っていた場合〉

B：△△と申しますが、○○さんはいらっしゃいますか。

A：○○はもう退社しました。

B：えっ、辞められたんですか？

A：いえ、帰宅したということです。

答えはコチラ

答え

解説 A105

×1 もう→本日はすでに

×2 退社しました→退出しました

〈解答例〉

申し訳ありません。○○は、本日はすでに退出いたしました。

解説 1・2帰った人のことを「退社しました」というのは間違いではないのですが、「帰った」と「辞めた」の2つの意味があるので、相手を驚かせる場合もあります。ここは、「本日はすでに」という、「今日はもういない」という意味を強調した上で、「退出」に言い換えたほうがいいでしょう。

第3章

Q106

【問題】
次の会話から
間違った敬語を
2つ出してください

〈社外の人からかかってきた電話で、相手が名乗らない場合〉

B：○○さんいますか?

A：すみませんが、どちら様ですか?

B：△△と申しますが。

答えはコチラ

答え

解説 A106

×1　すみませんが→失礼ですが

×2　お名前は?→どちら様でしょうか?

〈解答例〉

失礼ですがお名前を頂戴してもよろしいでしょうか?

恐れ入りますが、お名前をお聞かせいただけますでしょうか?

解説　相手が名乗らない場合、必ず確認しましょう。場合によっては、不必要なセールスや、変ないいがかり、イタズラ電話の場合もあります。相手に名前を尋ねても名乗らない場合は警戒したほうがいいでしょう。明らかに相手がおかしい場合は「○○はただいまとりこんでおりますので、よろしければこちらからお電話さしあげますが」と連絡先を聞いた方が良いでしょう。

第3章

Q107

【問題】
次の会話から間違った敬語を4つ出してください

〈社外の人からかかってきた携帯電話に対して〉

B：（よく聞き取れない音で）……。

A：もしもーし

B：……。

A：プツプツ切れてよく聞こえないんで、あとでこちらからかけ直します。

答えはコチラ

答え

解説 A107

1× もしもーし→恐れ入ります
2× プツプツ切れてよく聞こえないんで→電波の状態がよくないようでございます
3× あとで→のちほど（○分後に）
4× かけ直します→ご連絡いたします

〈解答例〉

恐れ入ります、電波の状態がよくないようでございます。のちほど（○分後に）こちらからご連絡いたします。

恐れ入ります、少々お電話が遠いようですが。

解説

1相手の声が聞き取りづらくても、いきなり「もしもーし」と言わず、「恐れ入ります」としましょう。2ただ、「よく聞こえない」だけを伝えてしまうと、相手が自分の口調なのかと思い、さらに大声で話す場合も……。「電波の状態がよくない」ということをキチンと伝えましょう。3「あとで」では、いつ電話をかけ直してもらえるのか曖昧です。「あとで」を「のちほど」に言い換えて、何分後なのかも伝えましょう。4「かけ直す」も「ご連絡いたします」にしましょう。

明らかに電波の状態が悪いとわかるとき以外は、「お電話が少々遠いようですが」と言います。「もう少し大きな声でお願いします」などとは決して言ってはいけません。

第3章

Q108

【問題】
次の会話から
間違った敬語を
2つ出してください

〈社外の人に電話をかけたら都合が悪かったとき〉

B：申し訳ありません。ただいま別の電話に出ております。

A：それでは伝言をお願いします。××社の○○ですが、お電話くださいと。

答えはコチラ

答え

解説 A108

1× お願いします→お願いしたいのですが
2× お電話ください→ご連絡くださるようお伝えください

〈解答例〉
それではご伝言をお願いしたいのですが。××社の○○ですが、ご連絡くださるよう、お伝えください。お言づけをお願いしたいのですが、お時間のあるときで結構ですので、ご連絡くださるようお伝えください。

解説
1伝言を残したい場合はいちおう、「お願いしたいのですが」のように、相手にたずねる姿勢をだしましょう。なかには「○○さんが、外出から戻られたらお電話くださいと伝えてもらえますか?」のように、電話の相手の承諾を得る前に用件を伝える人もいますが、これも失礼なので避けましょう。なお、「連絡をください」程度の伝言でしたらいいのですが、なかには複雑な伝言もあります。その場合メモを取るのはもちろんですが、「念のために復唱させていただきます」と、内容を再度確認し、最後に自分の名前も伝えておきます。

第3章

Q109

【問題】
次の会話から
間違った敬語を
3つ出してください

〈携帯の留守電にメッセージをのこすとき〉

B：（自動音声で）こちらは留守番電話サービスセンターです。メッセージの録音が終わりましたら電話をお切りになるか、シャープを押してください。

A：××社の○○ですが……。えっと……▲▲の件なんですが……またかけます。

答えはコチラ

答え

解説 A109

×1　えっと……▲▲の件なんですが……↓▲▲の件でお電話させていただきました

×2　またかけます↓のちほどまた、こちらからかけさせていただきます。

〈解答例〉

××社の○○です。▲▲の件でお電話させていただきました。のちほどまた、こちらからかけさせていただきます。

○××社の○○です。企画の件でおうかがいしたいので、○時にまたお電話させていただきます。

解説　1・2留守番電話にメッセージを残す際は、社名、名前、用件を入れるようにしましょう。もしかけ直してほしいときは「恐れ入りますが、このメッセージを聞かれましたら、○○の携帯までご連絡をください。番号は000−0000……」というように、自分の番号まで言いましょう。番号は相手に初めて伝える場合は特にゆっくりと二度繰り返します。留守電にメッセージを残すことが多い人はパターンをしっかりと頭に入れておきましょう。

あとがき

敬語の使い方は本当に難しいものですね。日本語を学ぶ外国人も敬語にはとても悩まされています。では、そのやっかいな敬語を無くしてしまったら日本語は、日本の社会はどうなるでしょう？　本当に殺伐《さつばつ》とした粗野《そや》な言語、社会になってしまうのではないでしょうか？

と言っても、言葉遣いを間違うことを恐れないでくださいね。まえがきでも申し上げたように、言葉よりもっと大切な物があるのですから。それがある限り日本はやはり豊かな文化を持った美しい国であり続けることでしょう。

誠意、思いやり、相手を人間として尊重する敬意、愛情豊かな心。それらに裏打ちされた、美しい言葉遣い。それが、あなたのものになるよう心から願っております。

最後に万国共通の素晴らしいコミュニケーションの手段をお教えしま

しょう。それは、あなたの「笑顔」です。いつもあなたらしい明るい笑顔でいてくださいますように……。もう一つの私の願いです。

最後に、私の監修に誠意と熱意を持って対応してくださった青志社の久世和彦さんに心からお礼を申し上げます。

西村幸子

索引

●あ

あいにく……214・216

会う……7

あざーっす……149

あげます……9

あとで……224

ありえないんですけど……151

アリです……145

ある意味……161

●い

言い忘れて……196

言う……11

家……93

いかが
　いたしましょうか？……110

行く……13

いたす……40

いただく……40・46・58

行って参ります……184

いま……182

今は無理です……172

今やってますが……176

意味がよくわからない……174

いらっしゃる……14・16

いる……15

言われてました……182

●う

うかがう
　……14・30・42

うけたまわる……30

ウザイ……153

●え

NG……186

●お

お会いする……8

お会いになる……8

お上がりになる……44

おいでになる……14

おうかがいする……42

お受け取りになる……58

お送りする・
　お送り申し上げる……18

お送り致す……18

お送りになる……18
お思いになる……20
お母様・お母上様……80
お帰りになる……22
お書きする……24
お書きになる……24
お借りする……26
お借りになる……26
お考え……194
お聞かせする……28
お聞かせ願えますか？……218
お聞きいただく……28
お聞きしたい事が……170
お聞きする……30・42
お聞きになる……30・42
奥様……68
お口になさる……46
送る……17

お子様……70
お先でーす……133
お先に失礼致します……134
お時間をいただけますでしょうか……170
お示しになる……50
お調べいただく……36
お調べいただけますか？……206
お調べする……36
お調べになる……36
お嬢様……74
お住まい・お宅……94
恐れ入ります……224
お尋ねする……14・42
お食べになる……44
おっしゃる……12・114
お連れ様……62

夫……65・66
お父様・お父上様……78
お手紙……92
お電話ください……226
お問い合わせになる……42
お友達……82
驚いています……152
お飲みになる……46
お願い致します……102・192
お願いしたいのですが……226
おほめいただく……54
おほめくださる……54
おほめにあずかる……54
おほめになる……54
お待ちになる……56
お見せする……50
お見せになる……50
お耳に入れる……28

お耳に入る……30
お目にかかる……8
お目にかける……50
思う……19
お持ちになる……56
お読みになる……52
おります……16
おる……16
思うんですが……212
御社……88
御社社員……86

●か
会社……87
帰る……21
書かせていただく……24
書く……23
学友……82
かけ直します……217
貸して……143
家族……63
家族一同……64
家内……67
佳品……90
かぶっちゃった……119
借りる……25

●き
聞いてない……127・178
聞いてもらう……27
聞く……29
貴社……88
貴社社員……86
決めかねます……204
キモイ……155
逆に言えば……157
旧友……82

●く
くださる……10
～くらいだと……176
くれる……9

●け
掲載しております……196
けっこうな品……90
現実的には……126

●こ

ご家族様・ご一同様……64
心ばかりの品……90
ご指示いただいた……182
ご自身……60
ご子息様・ご令息様・ご長男（次男）様……72
御主人様……66
ご上司・ご上役……84
ご書面……92
ご説明させていただく・ご説明申し上げる……32
ご説明になる・ご説明なさる……32
ご存知……38
ご尊父様……78
子供……69・70
ご母堂様……80
困るんですけど……103
ご友人・ご朋友・ご学友……82
ご用立て……144
ご覧ください……196
ご覧にいれる……50
ご覧になる……48
ご両親様・ご両所様……76
ご令嬢様……74
ご令室様……68
これでいいっすか？……107
ご連絡いたします……224
ご連絡くださるよう……226
ご連絡していただく・ご連絡なさる……34

●さ

先ほど申し上げましたが……142
差し上げる……10
さすがですね……124
さっきも言いましたけど……141
される……40
○○様……66

●し

至急……206
持参する……56
失礼ですが……106・198・222
次女……74
自分……59
自分的には……165
じゃあ……216
社員……85

社員……85
主人……66
小社……88
上司……83・84
少々……210
小生……60
書面……92
調べる……35
しるし……90

●す
すごーい……123
する……39

●せ
せがれ……72

拙宅……94
説明する……31
全然オッケーです……139

●そ
そうですね……100
そちら様……194
存じ上げる……20・38
粗品……90
存じる……20・38・146
それでもよろしいかと……146

●た
退社しました……219
退出しました……220
大丈夫でしょうか?……202
大変心苦しいのですが……112
尋ねる……41
食べる……43
ただいま……182・210
だって~だと言ったじゃないですか……113
誰ですか?……105
旦那様……66

●ち
父……78
父親……77
頂戴する……44・46・58
ちょっと……172・210
長女……74
長男……72

●つ

妻……67・68

つまり……174

連れの者……62

●て

手紙……91・92

できなくない？……125

手こずっております……154

手前ども……88

てゆうか……99

●と

同行者……61

当社社員……86

当方……60・94

どうしますか？……109

どちら様？……106・222

どっちでもいい……178

とのことでした……186

どのように お読みすれば……198

友達……82

とりあえず……159

●な

なさる……40

などということは……148

なるほど……162

なんとなく……117

●に

女房……68

●ぬ

●ね

念のため……160・218

●の

のちほど……224・228

飲む……45

●は

拝見する……48

拝借する……26

拝聴する……30

拝聴する……30
外しております……212
母親……79

●ひ
比較的……138

●ふ
父母……76
プレゼント……89

●へ
弊社……88
弊社社員……86

●ほ
ほめていただく……54
ほめてくださる……54
ほめる……53
本日……202・220
本当ですか？……98

●ま
マジっすか？……97
またかけます……228
まったく問題ありません……140

●み
未熟者……188

ミスッちゃった……121
見せていただく……48
見せる……49
～みたいな……147

●む
息子……71・72
娘……73・74

●め
召し上がる……44・46

●も
もう一度お願いします……118

申し伝えます……216・218
申し訳ありません……104・172・180・202
申す……12
もう十分にいただきましたので……136
もしもーし……224
もう無理っす……135
持ち帰らせてください……204
持って行く……55
戻りは……184
戻ると……212
戻り次第……216
もらう……57

●や
やっぱ……131
やはり……132

●ゆ
友人……81・82

●よ
よく～と言われます……164
読ませていただく……52
読む……51
よろしいでしょうか？……108・202
読んでください……196

●ら

●り
両親……76

●る

●れ
連絡差し上げる……34
連絡させていただく……34
連絡する……33

●ろ
老父……78
老母……80

●わ

わかりかねます……130
わかりました……118
わかんない……129
わたくし……60
私って
〜じゃないですか……163
私としては……166・178
わりかし……137
悪いんですけど……111

【監修】
西村幸子（にしむら・さちこ）
京都女子短大卒。
全日空スチュワーデス、スチュワーデス受験学院院長を経て、
ビジネスマナー講師。
大手電機メーカー、製薬会社、銀行、建設会社等の社員教育担当。
又、大学生、専門学校生などの「就職講座」講師も務める。

脳力がみるみるアップする 正しい敬語100問100答

発 行 日 2008年11月28日 第1刷発行

監　修	西村幸子
装　幀	宇那木孝俊
編　集	久世和彦
編集協力	石澤理香子
編 集 人 発 行 人	阿蘇品蔵

発 行 所　株式会社青志社
〒107-0052
東京都港区赤坂6-2-14レオ赤坂ビル4F
TEL 03-5574-8511（編集部／営業部）
FAX 03-5574-8512

D T P　株式会社 光邦
印 刷 所　株式会社 光邦

ISBN978-4-903853-30-7